EL GALÁN CASADO,
O EL CURIOSO IMPERTINENTE

JOHN CROWNE

El galán casado,
o el curioso impertinente

Introducción
Jorge Figueroa Dorrego

Traducción
Gonzalo Díaz Migoyo

GRUPO DE ESTUDIOS
CERVANTINOS

El *Quijote* y sus
interpretaciones

Luna de
Abajo

OVIEDO 2023

Universidad de Oviedo

GRUPO DE ESTUDIOS
CERVANTINOS

Colección El *Quijote* y sus interpretaciones, n.º 15

DIRECTORES:
Emilio Martínez Mata
y María Fernández Ferreiro
http://grec.grupos.uniovi.es/

© DE LA INTRODUCCIÓN:
Jorge Figueroa Dorrego

© DE LA TRADUCCIÓN:
Gonzalo Díaz Migoyo

TÍTULO ORIGINAL:
The Married Beau; or, The Curious Impertinent. A Comedy

EDITA:
Luna de Abajo
https://www.lunadeabajo.com/
DISEÑO:
Pandiella y Ocio

1.ª EDICIÓN: agosto 2023

Edición digital pdf
Gratuito para lectura
online y descarga
—
Edición en papel
DEP. LEGAL: AS 02060-2024
ISBN: 978-84-86375-79-9

ÍNDICE

Prefacio de la empresa colaboradora

Mi vínculo con *El ingenioso hidalgo don Quijote de la Mancha* viene de lejos. Era pequeño cuando me regalaron una versión infantil y cuando leímos varios capítulos en el colegio, posteriormente. Su compañero en algunas andanzas, Sancho Panza, el supuesto yelmo de Mambrino y el episodio de los gigantes marcaron mi imaginación durante años, hasta que con más edad pude deleitarme con una versión ilustrada por Gustavo Doré y disfrutar con el placer de su lectura íntegra.

Cuatro siglos después de su primera edición, el *Quijote* sigue teniendo relevancia y sigue siendo de actualidad, pues en su texto se encuentran multitud de referencias útiles para entender muchas situaciones relacionadas con la vida cotidiana hoy en día. La universalidad de la obra de Cervantes tiene ahora una especial importancia dada la globalización de la economía y del conocimiento. Y, en particular, la globalización de las empresas que, con la contribución de los últimos avances científicos, en muchos casos, han conseguido que su actividad y sus proyectos puedan alcanzar un impacto tan universal como la propia novela cervantina.

Cuando desde E2IN2 tuve conocimiento de los trabajos que desarrolla el Grupo de Estudios Cervantinos de la Universidad de Oviedo, no dudé ni un momento en ponerme en contacto con las personas que lideraban la iniciativa para ofrecer nuestra colaboración con el fin de aumentar el alcance de su labor y la difusión del talento creativo e investigador en torno a la obra de Cervantes, haciéndola accesible de manera más global.

Es justamente esta dimensión global de E2IN2 y de su proyecto Civie el hecho que justifica el patrocinio de parte de la edición de los ejemplares de la colección «El *Quijote* y sus interpretaciones». Apoyar el talento creativo, académico y emprendedor está en nuestro ADN y es por ello por lo que E2IN2 desea contribuir a que el conocimiento del *Ingenioso hidalgo* y de su autor, así como las interpretaciones que se han hecho por parte de múltiples autoras y autores —y, por ende, esta colección—, pueda ser accesible a quienes deseen conocerla y profundizar desde países lejanos. Para llevar nuestra colaboración a la práctica haremos esfuerzos para hacerla llegar a diferentes bibliotecas e instituciones.

Con esta iniciativa de patrocinio, E2IN2 desea contribuir a la difusión del conocimiento sobre la mejor novela de todos los tiempos y a la excelente tarea que lleva a cabo el Grupo de Estudios Cervantinos de la Universidad de Oviedo, además de, por supuesto, a la difusión de nuestra lengua.

Espero que disfruten de esta colección tanto como he disfrutado cada vez que me he acercado a la lectura del *Quijote*.

VALENTÍN E. DE TORRES-SOLANOT DEL PINO

INTRODUCCIÓN

1. Recepción y reescritura de *El curioso impertinente* en la Inglaterra del siglo XVII

A pesar de los recelos y prejuicios sobre España por razones políticas y religiosas, los escritores ingleses del siglo XVII conocían bien la literatura española del momento y dejaron buena muestra de ello en frecuentes alusiones textuales, así como un considerable número de traducciones y adaptaciones.[1] El impacto de los libros de caballería y de la novela picaresca española en la narrativa inglesa ya había sido notable a finales del siglo XVI y lo siguió siendo en la centuria siguiente.[2] *La vida de Guzmán de Alfarache* (1599-1604) de Mateo Alemán fue traducida al inglés en 1622, reimpresa varias veces durante décadas y generó una larga serie de imitaciones. Sin tanto éxito

---

[1] La presente edición se ha realizado en el marco del proyecto «Recreaciones teatrales del Quijote» (RETEQ) (MCI-20-PID2019-111485GB-I00), financiado por la Agencia Estatal de Investigación del Ministerio de Ciencia e Innovación. La investigación llevada a cabo para la preparación de esta introducción se ha llevado a cabo en el marco del proyecto «Comedia de la Restauración inglesa: edición de textos y base de datos», ref. PID2019-106306GB-I00, financiado por MCIN/AEI/ 10.13039/501100011033.

[2] Sobre la presencia de los libros de caballerías españoles en Inglaterra, véase O'Connor (1970), Álvarez Recio (2016), Moore (2020) y Sánchez Martí (2020). Sobre la recepción de la novela picaresca, véase Parker (1975), Bjornson (1977), Blanco (1983) y Garrido Ardila (1996).

pero igualmente introducidas en el mercado literario inglés de la época fueron *La pícara Justina* (1605) de López de Úbeda, la *Historia de la vida del Buscón* (1626) de Quevedo, *La garduña de Sevilla* (1642) de Castillo Solórzano y otras novelas picarescas españolas. Asimismo llegaron a Inglaterra los relatos de María de Zayas y las *Novelas ejemplares* (1613) de Miguel de Cervantes, que sin duda también influyeron en el desarrollo de la llamada «novela de la Restauración» escrita por Aphra Behn, Alexander Oldys, William Congreve o Peter Motteux (ver Figueroa 1997: 65-70).

Con todo, la obra española del siglo XVII más conocida e influyente en la Inglaterra de esa época y durante todo el s. XVIII fue *El ingenioso hidalgo don Quijote de La Mancha* (1605-1615). Thomas Shelton lo tradujo poco después, entre 1612 y 1620 bajo el título *The History of the Valerous and Wittie Knight-Errant Don Quixote of the Mancha* (*Historia del valeroso e ingenioso caballero errante don Quijote de La Mancha*), y su versión alcanzó la cuarta edición en 1675. Posteriormente, esta obra fue traducida también por John Philips con el título *The History of the Most Renowned Don Quixote of La Mancha and His Trusty Squire Sancho Panza* (*Historia del muy renombrado don Quijote de La Mancha y su fiel escudero Sancho Panza*), en 1687. Luego se publicaron cinco versiones abreviadas entre 1686 y 1699, y ya finalmente en 1700 lo hicieron las traducciones de Peter Motteux y John Stevens.

A todas estas versiones en inglés del *Quijote* hay que añadir una serie de obras narrativas inspiradas por la parodia anticaballeresca o los elementos de sátira social de esta novela como, por ejemplo, *Moriomachia* (1613) de Robert Anton, *Don Zara del Fogo* (1656) de Samuel Holland, el anónimo *Don Samuel Crispe* (1660) y *The Essex Champion* (*El paladín de Essex*, 1694) de William Winstanley.[3] Es destacable asimismo la adaptación

---

[3] Sobre estas obras es preciso mencionar aquí los trabajos de Pardo García (2022a y 2022b), el primero de ellos incluido en la reciente edición española de *El paladín de Essex*.

que Samuel Butler hizo del *Quijote* en su extensa narración heroicómica en verso titulada *Hudibras* (1663-1678), para transformarlo en una mordaz sátira al fanatismo religioso de la época. Pero es curioso que los primeros testimonios de la recepción de Cervantes en Inglaterra estén presentes en el teatro, incluso antes de la traducción de Shelton. De hecho, la que puede considerarse primera recreación del *Quijote* en la literatura inglesa es la comedia *The Knight of the Burning Pestle* (*El caballero de la maja de mortero ardiente*, 1607) de Francis Beaumont. Poco después se representaron nada menos que tres obras basadas, en mayor o menor medida, en *El curioso impertinente*, la historia intercalada en el *Quijote* que nos ocupa en esta edición. Se trata de *The Coxcomb* (*El necio*, 1608-1610?) de John Fletcher y Francis Beaumont,[4] *The Second Maiden's Tragedy* (*Segunda tragedia de la doncella*, 1611) atribuida a Thomas Middleton, y *Amends for Ladies* (*Desagravios para damas*, 1611) de Nathan Field. Esto hace pensar que la novela de Cervantes se conocía bien en Inglaterra antes de su traducción y que fascinó a los mejores dramaturgos del momento, que desde entonces no dudaron en utilizarla como cantera de situaciones y personajes, así como a aludir a ella frecuentemente. Incluso el mismo William Shakespeare pudo haber colaborado con John Fletcher para escribir la obra dramática *Cardenio*, basada en el personaje de ese nombre que aparece en unos episodios de la primera parte del *Quijote*, que se representó en 1613 pero cuyo texto no ha sobrevivido.[5] Sería tedioso mencionar aquí todas las obras de teatro escritas en la Inglaterra del siglo XVII que aluden o se inspiran en las obras de Cervantes, así que remito a quien esté interesado/a en ello al revelador y exhaustivo libro de Dale Randall y Jackson Boswell (2009).

---

[4] *El necio* ha sido publicado en esta misma colección editorial, «El Quijote y sus interpretaciones», con traducción de Francisco J. Borge.

[5] Para más información sobre la obra *Cardenio*, recomiendo la lectura del excelente volumen editado por Bourus y Taylor (2013).

Me centraré únicamente en las obras que muestran más cercanía a la historia de *El curioso impertinente*. Pero, antes de ello, quizás sea necesario para parte de quien nos lea recordar brevemente este relato insertado en los capítulos 33-35 de la primera parte del *Quijote*. Se trata de una historia trágica sobre curiosidad inapropiada, (in)fidelidad matrimonial, amistad masculina y voyerismo. El «curioso impertinente» al que hace referencia el título es el caballero florentino Anselmo, que poco después de casarse, le pide a su buen amigo Lotario que corteje a su esposa Camila para probar su fidelidad. Lotario se niega a hacerlo, por considerarlo insensato e injustificado, pero finalmente cede a la insistencia de su amigo. Para facilitarlo, Anselmo se va de la ciudad, pero Camila rechaza las insinuaciones de Lotario y escribe cartas a su marido informando de la situación y pidiendo su regreso lo antes posible. Sin embargo, con el tiempo Lotario y Camila se enamoran, y él incluso siente celos al ver a un hombre salir de la casa de ella, que no se trata de un amante de Camila sino de su criada Leonela. Un día que sabía que Anselmo les estaba espiando, Camila finge enfrentarse a Lotario y amenaza con clavarse una daga si le sigue importunando. A los ojos de Anselmo, esto parece demostrar la fidelidad de su esposa. Sin embargo, temiendo que Leonela pudiese revelar la verdadera relación entre Camila y Lotario, los dos deciden huir, pero no para estar juntos, sino ella para ir a un convento y él, al ejército. A consecuencia de ello, Anselmo muere de pena. Poco después, al enterarse de que Lotario fallece en batalla, Camila también muere. Como se puede ver, es una historia con gran potencial dramático, por lo que es comprensible que fascinase a los dramaturgos ingleses y pronto la adaptasen al escenario.[6]

---

[6] Como señalan Darby y Samson (2009: 214-218), esta historia ofrece una fuerte relación entre tres personajes, un protagonista movido por una obsesión imprudente, un diálogo potencialmente persuasivo, ironía dramática y voyerismo. A esto podemos añadir que este relato trata los conflictos entre amor y honra, y entre heterosexualidad y

Tres de esas dramatizaciones se publicaron a principios de siglo, durante el reino de James I, y ya se han mencionado anteriormente. *The Coxcomb* es una de las muchas colaboraciones de Fletcher y Beaumont, y es una comedia en la que el presumido e insensato Antonio ofrece a su esposa Maria a su amigo Mercury para demostrarle su amistad, aunque este le confiesa su amor por ella. Hay disenso entre la crítica sobre si los autores se basaron realmente en la historia de Cervantes o no. Huw Griffiths (2013: 97) acepta la fuente cervantina, pero Abraham Rosenbach (1902: 181-182) lo cuestiona porque hace notar que Antonio entrega a su mujer como muestra de amistad, no para poner a prueba a su mujer. Igualmente, Trudi Darby y Alexander Samson (2009: 215) dudan de la influencia cervantina, porque las situaciones son semejantes solo de manera inicial, ya que hay dos amigos cercanos y uno de ellos actúa insensatamente contra sus propios intereses, pero luego la comedia se dirige en otra dirección. Aunque, como veremos, esto último será lo normal en todos los tratamientos cómicos del tema, ya que se pretende evitar el desenlace trágico.

The Second Maiden's Tragedy, representada en 1611 por la famosa compañía The King's Men, mantiene el tono trágico original, como el mismo título indica. En la trama secundaria, el personaje llamado Anselmus pone a prueba la fidelidad de su mujer, a la que significativamente no se le da más nombre que Wife ('Esposa'), pidéndole a su amigo Votarius que la seduzca. Tanto la mujer como el amigo se resisten inicialmente pero acaban enamorándose. Como en el hipotexto narrativo, los dos

---

homosocialidad, que tan frecuentemente se encuentran en las tragedias de la época. Además, la línea argumental que empieza con el error (*hamartia*) de la curiosidad impertinente de Anselmo y termina con su reconocimiento (*anagnórisis*) de que ese «impertinente deseo» fue el «fabricador de [su] deshonra» (*Quijote*, p. 373) sigue el patrón aristotélico de la tragedia. Por otro lado, Yvonne Jehnson (1998: 41) apunta que la trama de Leonela recuerda a las de la comedia de capa y espada, debido a sus elementos de enredo amoroso, engaño y confusión de identidades.

intentan demostrar a Anselmus que ella es fiel preparando un encuentro en el que el marido, escondido en un reservado, viese cómo ella rechaza a Votarius. Sin embargo, debido a un malentendido propiciado por la criada Leonella, la Esposa apuñala a Votarius con una espada envenenada, Anselmus la apuñala a ella y resulta gravemente herido en un enfrentamiento con el amante de Leonella, Bellarius. Anselmus acaba muriendo maldiciendo a su mujer. A pesar de algunos cambios, la inspiración en *El curioso impertinente* parece evidente. Middleton adapta el conflicto original, no solo para comprimirlo en unas pocas escenas, sino también para acercarlo a las convenciones de la tragedia inglesa del momento, que tendía a mostrar baños de sangre y muertes masivas y violentas en el escenario.

En la tercera *transmodalización* de la historia intercalada de Cervantes en el teatro inglés,[7] *Amends for Ladies*, de Nathan Field, se vuelve al tratamiento cómico de la misma. De nuevo se trata de una de las tramas de la obra, que fue representada por primera vez en 1611. En ella, sir John Loveall (referido en el texto impreso como «Husband», 'Esposo') sospecha de la fidelidad de su mujer, Lady Perfect (o «Wife», 'Esposa'), y le pide a su amigo Subtle que la ponga a prueba intentando seducirla. Al mismo tiempo, acusa seriamente a su mujer de serle infiel con Subtle, cosa que ella niega firmemente. Una diferencia importante en comparación con la fuente cervantina es que el Esposo intenta llevar a su mujer a cometer adulterio sometiéndola a maltrato verbal. Otra diferencia se halla en la escena preparada por Subtle para que su amigo viese a escondidas el comportamiento de su esposa. En ella, Lady Perfect refuta con firmeza la acusación de Subtle de que tuvo un encuentro íntimo con otro personaje llamado Bold la noche anterior y, en vez de un desenlace trágico como en el hipotexto y en la obra comentada

---

[7] *Transmodalización* es un término acuñado por Gérard Genette (1989: 356) para referirse a un cambio en el modo de representación de una obra literaria; por ejemplo, cuando se hace la *dramatización* de un texto narrativo o la *narrativización* de una pieza dramática.

anteriormente, lo que hay es uno de arrepentimiento y perdón por parte de los dos hombres, y de alegría y reafirmación de su integridad moral por parte de Lady Perfect. Estas dos cosas se unen al convencional final feliz con bodas en las otras dos tramas de esta comedia. Salvo por este final de arrepentimiento sin consecuencias trágicas y el maltrato verbal del marido, la inspiración en la obra de Cervantes parece clara.[8]

Después de estas tres dramatizaciones de *El curioso impertinente* en la Inglaterra de principios del siglo XVII, hubo otras tres a finales del mismo, que en gran parte continúan muchas de las estrategias para explotar los potenciales trágico y cómico de la historia. De hecho, las tres son tragicomedias en mayor o menor medida. Se trata de *The Amorous Prince; or, The Curious Husband* (*El príncipe apasionado, o El marido curioso*, 1671), de Aphra Behn,[9] *The Disappointment; or, The Mother in Fashion*, (*La decepción, o La madre de moda*, 1684) de Thomas Southerne, y *The Married Beau; or The Curious Impertinent* (*El galán casado, o El curioso impertinente*, 1694) de John Crowne. Diré algo sobre las dos primeras en este apartado y me extenderé más en la tercera en una sección aparte, ya que es la obra que estamos introduciendo.

The Amorous Prince fue representada por primera vez en Londres en 1671 por la Duke's Company, y fue publicada el mismo año. El subtítulo *The Curious Husband* apunta ya a la fuente cervantina, y hace referencia a uno de los dos argumentos de la obra. Escribiendo en 1691, Gerard Langbaine ya observa que esa trama de la obra se basa en la novela de Cervantes y opina que Behn incluso la mejora («improv'd the Novel itself», 1691: 19), un elogio realmente destacable para la segunda obra de la primera escritora profesional de Inglaterra. A pesar de mi aprecio

---

[8] William Peery (1946), sin embargo, tiene dudas de que esta trama de *Amends for Ladies* esté inspirada por el relato de Cervantes.

[9] La obra de Behn ha sido publicada en «El *Quijote* y sus interpretaciones», en edición y traducción de Raquel Serrano González, con el título *El príncipe apasionado*.

por la autora, yo no me atrevería a afirmar tal alabanza, pero sí creo que Behn aporta una mirada nueva y refrescante en su adaptación de *El curioso impertinente*. Como ya han destacado Dolors Altaba-Artal (1999: 54-60), Alvin Snider (2006: 321-324), Ángeles Tomé (2010: 161-167) y Raquel Serrano (2016), Behn facilita un final cómico potenciando la acción de los personajes femeninos y la solidaridad entre ellos. Para ello también es importante el desdoble del personaje de Camila en dos: Clarina (esposa de Antonio) e Ismena (hermana de Antonio), que ama a Alberto (amigo de Antonio). Esto permite liberar a Clarina del potencial adulterio, porque Ismena se hará pasar por su cuñada en la prueba de castidad, aprovechando que Alberto no había visto nunca a Clarina. Behn incluso nos da a conocer el conflicto de esta trama en el primer acto (escena 4) a través de la conversación entre estas dos mujeres y la criada Isabella (homóloga de Leonela). De esta manera, conocemos el tema desde la perspectiva de estos personajes femeninos y sabemos cómo van a confrontar el plan de Alberto, poniéndonos en una posición privilegiada en el contexto de ironía dramática que se genera.

La introducción de Ismena en el hipertexto de Behn es crucial y lo más sobresaliente desde un punto de vista actual. No solo permite mantener la honra de Clarina intacta, sino que nos presenta un personaje femenino diferente y atractivo: Ismena es joven, ingeniosa, resuelta y empática con Clarina, muy en la línea de otras protagonistas de Behn y bastante diferente a Leonela. Ninguna de las tres mujeres se comporta de manera inapropiada moralmente, a pesar de todas las situaciones arriesgadas en las que ven implicadas. Se ayudan entre sí para salvar los peligros, engañar a los personajes masculinos y alcanzar sus objetivos. Por eso Behn aplica la justicia poética al final de la obra, recompensando sus virtudes.

¿Qué hace Behn con Antonio y Alberto? La injustificada obsesión de Antonio sobre la fidelidad de su esposa y su tratamiento abusivo hacia ella, tratándola como un objeto de su

propiedad y como una prostituta, es perturbador y potencialmente trágico, como en el original narrativo. Sin embargo,
la intervención de Ismena es de nuevo clave porque traslada
el dilema moral a Alberto, en mucha mayor medida que en
el hipotexto cervantino, ya que Clarina nunca es tentada ni
seducida. Alberto sufre un serio dilema moral durante toda
la obra entre amor y amistad, y entre amor y honra, bastante
similar al que se puede ver en otras tragedias, tragicomedias y
obras heroicas del periodo de la Restauración en Inglaterra. Es
este dilema moral de Alberto y el potencial desenlace fatídico
de la obsesión misógina de Antonio lo que le da un tono serio
a algunas escenas de esta trama secundaria de *The Amorous
Prince*, que se une al igualmente serio tono del argumento principal. Las dos tramas se acoplan bien porque las dos muestran
situaciones de cosificación de las mujeres y de abuso de poder.
Pero, en el argumento que nos ocupa aquí principalmente, la
intervención de las mujeres logra burlar el morboso plan de los
amigos protagonistas, que acaban contentos de darse cuenta
de su error y de que su conflicto moral no era real sino tan
solo imaginario. Se resuelve así dicho conflicto con conciencia,
arrepentimiento y reconciliación, como en anteriores comedias
sobre el tema.[10]

Es posible que esta obra de Behn sea la fuente principal de
The Disappointment, de Thomas Southerne, más que *El curioso
impertinente per se*. Langbaine (1691: 489), Rosenbach (1902: 184),
Randall y Boswell (2009: 422) y otros críticos apuntan al relato
cervantino como hipotexto en la obra de Southerne. Sin embargo, me parece más convincente la conclusión de Robert Jordan
y Harold Love (1988: 78), que argumentan que esa relación es
tenue porque se trata tan solo de la existencia de un marido
florentino que sospecha de la fidelidad de su mujer. Pero hay
algo importante que los diferencia: el marido no le pide a su

---

[10] Para un estudio más detallado de esta obra y su relación con *El curioso
impertinente*, remito a las publicaciones antes citadas y a Figueroa
(2018: 63-67).

mejor amigo que ponga a prueba esa fidelidad ni el amigo acaba seduciendo a la mujer, lo cual considero que es un aspecto crucial en el original de Cervantes. Para Jordan y Love, el texto de Southerne tiene más que ver con *The Amorous Prince* porque se garantiza la integridad de todos. Concordando con esa idea, Snider afirma que Southerne se basa en la reescritura de Behn para explorar temas como el voyerismo, la homosocialidad y la prostitución como convenciones sociales y teatrales (2006: 326). Por otro lado, hay que recordar que Southerne también adapta textos de Behn en otras obras, como *The Fatal Marriage* (1694) y *Oroonoko* (1695).

No obstante, *The Disappointment* es una tragicomedia diferente a la de Behn, más oscura y tirando hacia lo ejemplar y sentimental, en la que el potencial trágico del libertinaje se ve frustrado por las maniobras de una amante abandonada (Juliana) y la demostración de la inocencia de una esposa injustamente acusada de infidelidad (Erminia). Los celos de su marido Alphonso vienen causados por el encuentro de una carta que el libertino Alberto le escribe a Erminia. Es por tanto esa tercera persona quien intenta cortejarla, no el amigo de Alphonso, Lorenzo. Cuando Alberto va una noche a seducirla, su amante Juliana suplanta la identidad de Erminia, quedando la integridad de esta intacta. En una segunda visita, Alberto se tiene que enfrentar a Alphonso y resulta herido. Alphonso intenta matar a su esposa pero esto lo previene Lorenzo. Enterándose del truco de Juliana y de la consecuente inocencia de Erminia, Alphonso se reconcilia finalmente con su esposa. Como apunta Robert Hume (1976: 365), Erminia es injustamente difamada, pero demuestra ser noble, fiel y paciente de una manera casi heroica, aunque sea un heroísmo de ámbito doméstico. De este modo, Southerne se adelanta a la tendencia a mostrar personajes ejemplares y la reconciliación para resolver conflictos maritales que se impondrá en el teatro inglés de la década de 1690, y que también se percibe en *El galán casado*, como veremos.

2. Breve panorama de la comedia inglesa de la Restauración

Antes de pasar al estudio de la obra de John Crowne, me parece conveniente contextualizarla brevemente para aquellas personas que no conozcan bien el entorno en el que fue escrita. Hoy en día, la figura de William Shakespeare eclipsa la extensa producción dramática que hubo en la Inglaterra de su época. Pero realmente se puede afirmar que hubo un verdadero *boom* del teatro en los reinados de James I (1603-1625) y Charles I (1625-1649), con la producción de una gran cantidad de obras, muchas de ellas de gran calidad. Además de Shakespeare, destacan dramaturgos como Ben Jonson, Francis Beaumont, John Fletcher, Thomas Middleton, Thomas Dekker, John Webster, John Ford, James Shirley y Richard Brome, entre otros. Simplificando mucho, las tragedias solían tratar temas como la venganza, el adulterio, la locura y la maldad humana; las comedias eran o bien de tipo romántico, centradas en el enredo y la recompensa final, o bien de naturaleza satírica, ridiculizando la codicia, la lujuria, la hipocresía y la afectación; y también había bastantes casos de hibridación en forma de tragicomedia. Toda esta vibrante actividad teatral se vio interrumpida con la Guerra Civil inglesa en 1642 y el periodo de interregno liderado por Oliver Cromwell, ya que su gobierno puritano ordenó cerrar los teatros públicos por considerarlos focos de obscenidad, frivolidad e inmoralidad.[11]

Cuando se restauró la monarquía en 1660 con Charles II, se retomó también la actividad teatral. Ya en mayo de ese mismo año el rey dio licencias para que Thomas Killigrew y William Davenant operasen dos compañías: la King's Company y la Duke's Company, respectivamente. Como se puede ver, estas compañías estaban patrocinadas por el mismo rey y su hermano

---

[11] Para más información sobre el teatro de las primeras décadas del siglo XVII en Inglaterra, recomiendo la consulta de Dietz (1988), Farley-Hills 1988), Braunmuller y Hattaway (1990) y Kinney (2004).

James, duque de York. No es de extrañar, pues, que la mayoría de las obras representadas en los primeros años de este periodo proyecten una imagen positiva de las clases altas en general.

Centrándonos en la comedia, por ejemplo, los protagonistas suelen ser de alto rango social, adinerados o esperando serlo por herencia (no por negocios, que desprecian), y sobre todo son ingeniosos y sexualmente exitosos. Este ingenio, reflejado en un uso elegante, vivaz y espontáneo de la conversación, así como en grandes capacidades cognitivas para dominar las situaciones, es crucial para tener éxito en la acción de las comedias de este periodo, y está condicionado socialmente, porque son mayormente los protagonistas de alto estatus los que lo tienen. En contraste con ellos, se encuentran una serie de personajes necios y afectados que no tienen ese ingenio y, en consecuencia, son ridiculizados en el escenario. Suelen ser miembros de lo que podríamos llamar clases medias urbanas o terratenientes rurales, y que, además de ingenuos y pretenciosos o anticuados, demuestran ser cobardes, desleales y poco afortunados en sus relaciones amorosas.[12] Es por eso que este tipo de comedia se ha denominado *comedy of manners* ('comedia costumbrista') o *comedy of wit* ('comedia de ingenio'), aunque no todas las obras encajan bien en esas categorías. Favorecidas por el libertinaje vigente en la Corte y en ciertos círculos de aristócratas y escritores adyacentes, temáticas como el adulterio, la promiscuidad y el hedonismo se hicieron frecuentes en muchas comedias de las décadas de 1660, setenta y parte de los ochenta, algunas de las cuales se han calificado como *sex comedies* ('comedias sexuales o libertinas').

---

[12] Las comedias de la Restauración suelen estar protagonizadas por galanes (fieles o libertinos), jóvenes solteras (ingeniosas o ingenuas, sensatas o coquetas), padres (severos o benevolentes), parejas casadas (infieles o cornudos, celosos o confiados, sumisos o dominantes), criados (espabilados o torpes, fieles o desleales), viejos verdes, petimetres, pedantes, pueblerinos, fanáticos religiosos o políticos, comerciantes, profesionales del derecho o la medicina, pícaros, mantenidas y prostitutas.

En los primeros años de la Restauración, el repertorio consistió en reposiciones, adaptaciones e imitaciones del teatro jacobeo y carolino. En lo que se refiere a la comedia, se retomaron esas dos opciones comentadas anteriormente: la más romántica y las más satírica, pero la mayoría de las obras muestran una combinación o «modo mixto» de comedia, que no se centraba solo en los enredos amorosos y los diálogos ingeniosos, pero tampoco en engaños y «caracteres» exagerados y ridículos con propósito satírico.[13] Además, y como ya habían hecho sus predecesores de principios de siglo, los dramaturgos de la Restauración estaban abiertos a las influencias extranjeras.

La literatura española, tanto dramática como no dramática, siguió aportando modelos, temáticas y fuentes para las tramas de las obras de teatro inglesas. Escritores como Cervantes y Calderón, entre otros, eran a menudo adaptados e imitados. Esto llevó a mostrar conflictos de amor y pundonor, retórica elevada, acción rápida llena de enredo del tipo de «capa y espada», y escenarios españoles.[14] El teatro y la narrativa francesa también eran muy influyentes y una frecuente cantera de tramas e hipotextos que adaptar. En la comedia, el autor más imitado fue Molière, cuya tendencia a presentar «caracteres» encajaba bien con la teoría y práctica de Ben Jonson (ver nota anterior). Pero, además, Molière contribuyó a la popularización de la farsa

---

[13] Las comedias de carácter(es) se centran en personajes en los que domina algún rasgo psicológico o moral de manera exagerada, alguna manía u obsesión destacable, que provoca hilaridad. En el teatro inglés esto se suele llamar *humour*, tal como lo denominaba Ben Jonson, autor que solía practicar este tipo de caracterización cómica, y que muchos dramaturgos de la Restauración imitaron.

[14] Hay varias comedias de la Restauración basadas en textos españoles como, entre otras, *The Adventures of Five Hours* (*Las aventuras de cinco horas*, 1663) de Samuel Tuke, en *Los empeños de seis horas* de Antonio Coello; *Love in a Wood* (*Amor en un bosque*, 1672) y *The Gentleman Dancing-Master* (*El maestro de baile*, 1673) de William Wycherley en *Mañanas de abril y mayo* y *El maestro de danzar* de Calderón respectivamente; y *Sir Courtly Nice* (1985) de John Crowne, en *No puede ser el guardar una mujer* de Agustín Moreto.

en Inglaterra, con su énfasis en el engaño (a través de disfraces y bromas prácticas elaboradas) y el humor físico (a través de gestos, violencia física y acciones exageradas en escena). En la tendencia al recurso de la farsa (total o parcial) que hubo, sobre todo, en las décadas de 1670 y ochenta, influyó también el éxito de las compañías italianas de *commedia del'arte* que actuaban en Inglaterra, y que deleitaban al público con su improvisación, tramas y personajes recurrentes (Arlequín, Scaramouche, Scapino, Pantalone, etc.), y sus *lazzi* (*gags* cómicos, de humor más físico que verbal).

Con todas estas influencias nativas y foráneas, no debería extrañar la variedad existente en la comedia inglesa de la segunda mitad del siglo XVII. Aunque en aquella época el teatro se produjese en un sistema bastante cerrado o limitado porque únicamente había dos compañías en Londres hasta 1682 y solo una entre 1682 y 1695, la competencia era intensa y la necesidad de atraer al público apremiante (ver Hume 1976). Los dramaturgos respondían al gusto popular combinando similitud y variedad, no ya en el repertorio sino incluso en las mismas obras. La fusión de géneros era frecuente, ya que se pretendía ofrecer algo de particular atractivo para los distintos gustos que tenía el público asistente o lector. Por tanto, no es infrecuente encontrar comedias que combinan elementos románticos, satíricos, libertinos, de farsa y de caracteres, en mayor o menor medida.

La mayoría de las comedias de la Restauración reflejan, de un modo u otro, las tensiones políticas y sociales de ese periodo. En las décadas de 1660 y setenta, muchas comedias revelan el conflicto, latente desde la Guerra Civil, entre la clase alta promonárquica y la clase media más tendente al puritanismo protestante y menos favorable al absolutismo. Como en esas décadas el público y los mismos dramaturgos pertenecían mayormente al primer grupo social, las obras suelen favorecer personajes, actitudes e ideas de ese sector. A eso hay que añadir las tensiones religiosas entre protestantismo y catolicismo, y entre distintas formas de entender el protestantismo (Iglesia

Anglicana frente a grupos disidentes, más puritanos). El fanatismo, ya sea católico o puritano, suele ser objeto de ridículo en la comedia de esa época. Estos conflictos políticos y religiosos se exacerban durante la mayor crisis que sufre Inglaterra después de la Guerra Civil: la que surge con el *Popish Plot* ('Complot Papista') de 1678 y la consiguiente *Exclusion Crisis* ('Crisis de la Exclusión') entre 1679 y 1681.[15] El teatro en esos años se vio seriamente afectado porque se redujo la afluencia de público y muchas de las pocas obras que se produjeron adquirieron un claro sesgo de propaganda de uno u otro bando.

La subida al trono de William y Mary en 1688 refuerza el protestantismo y el poder del parlamento, acabando con las tendencias absolutistas de los anteriores monarcas de la dinastía Stuart. William no era tan aficionado al teatro como sus antecesores, y promovió una reforma moral que intentase acabar con el libertinaje en la sociedad y la cultura. Escritores *whigs* como Thomas Shadwell llevaron a los escenarios ese deseo de cambio, con unas comedias que reforman a los galanes libertinos y ponen más énfasis en valores morales y sociales como la honestidad, la sensatez y la benevolencia. Su ejemplo fue seguido por otros dramaturgos en la década de 1690, como John Crowne y Thomas Durfey, entre otros. En consecuencia, la comedia de esos últimos años del siglo XVII se

---

[15] El Complot Papista fue una acusación falsa de un eclesiástico anglicano llamado Titus Oates, que anunció que un grupo de católicos estaba tramando una conspiración para matar al rey Charles II y reemplazarlo por su hermano James, más cercano al catolicismo. Esto creó una fuerte histeria colectiva anticatólica y una crisis política durante los cuatro años siguientes, ya que un grupo de políticos protestantes, liderados por el Earl of Shaftesbury, intentó excluir a James de la línea sucesoria al trono (ya que Charles no tenía hijos varones legítimos) pero no tuvieron éxito. Este serio enfrentamiento da lugar a los primeros partidos políticos ingleses: los Tories y los Whigs. James logra acceder al trono en 1685, pero solo durante tres años, porque en 1688 es sustituido por su hija Mary y su esposo William of Orange, ambos protestantes.

hace menos cínica y licenciosa, y más empática, ejemplarizante y moralmente aceptable.[16]

3. Las obras dramáticas de John Crowne

La vida de John Crowne es oscura y, aparentemente, no muy afortunada, salvo por el éxito de algunas de sus obras. Poco se sabe de su nacimiento, pero John Franklin White (1922: 23-24) sostiene que probablemente nació en el condado de Shropshire (Inglaterra) hacia 1640. Acompañó a su padre, el coronel William Crowne, a Nueva Inglaterra en 1657 y estudió durante tres años en Harvard College, hasta que regresó a Londres en 1660. En apremiante necesidad de financiarse económicamente debido a la pérdida de las tierras que su padre tenía en Norteamérica, pronto decidió encaminarse hacia la carrera literaria. Así, en 1665 publicó su primera obra: *Pandion and Amphigenia*, una novela heroica a la manera de los *romans héroïques* franceses de Madeleine de Scudéry o La Calprenède, que se habían puesto de moda también en Inglaterra, con sus personajes hiperbólicos, sus escenarios exóticos y sus argumentos divagadores e interminables.

Probablemente debido al poco éxito de esta obra primeriza, intenta tener más suerte en el teatro, género que estaba tratando de retomar la vitalidad de principios de siglo. Escribió más obras serias (tragedias y dramas heroicos) que cómicas y, en general, Crowne demuestra un interés por lo romántico, lo histórico y lo político. Lo romántico se ve sobre todo al principio de su carrera, no solo con esa novela antes mencionada, sino también con su primera obra teatral, *Juliana; or, The Princess of Poland* (*Juliana, o La princesa de Polonia*, 1671), que es una tragicomedia que no tuvo mucho éxito en los escenarios y no logra combinar bien elementos románticos, satíricos y hasta sobrenaturales, en un

---

[16] Para profundizar algo más en el estudio de la comedia de la Restauración, véase Hume (1976), Hughes (1996), Canfield (1997), Fisk (2000) u Owen (2008).

contexto de conflictos políticos internacionales y en un estilo que incluye pareados, verso libre y prosa. De manera similar, la también tragicomedia *The History of Charles the Eighth of France* (*La historia de Carlos VIII de Francia*, 1671) intenta combinar intriga política y amorosa, con conflicto entre amor y honor, pero imitando las obras heroicas de John Dryden, de moda en ese momento. Drama heroico también es la obra seria más exitosa de Crowne: *The Destruction of Jerusalem by Titus Vespasian* (*La destrucción de Jerusalem por Tito Vespasiano*, 1677). Se trata de una tragedia en dos partes, con tramas amorosas, choque cultural en un marco espacio-temporal lejano, personajes heroicos, patetismo y uso de pareados heroicos que conquistaron al público de la época.[17]

Otras tragedias de Crowne no tienen la misma calidad o no tuvieron el mismo éxito. De ellas tan solo puedo mencionar aquí, por razones de espacio, tres de ellas con marcado componente político, que muestran la participación de Crowne en el debate generado por el Complot Papista en los escenarios ingleses. *The Ambitious Statesman* (*El estadista ambicioso*, 1679) es una tragedia en verso libre que inicia esa controversia política entre dramaturgos. A pesar de su interés y buena factoría, esta obra no triunfó quizás porque el público no estaba en buena disposición de ver una representación sobre un político sin escrúpulos que conspira contra el rey y su hijo, aunque la acción suceda en Francia y en el pasado, y el villano acabe condenado a muerte. El Complot Papista y la Crisis de la Exclusión supusieron un dilema para Crowne, porque por un lado era profundamente anticatólico, pero por otro también era muy monárquico, y no podía apoyar a los que pretendían alterar el principio de sucesión y la autoridad del rey. Además, estaba a favor de la Iglesia Anglicana y en contra del extremismo puritano. Por

---

[17] Para Hughes (1996: 240) ese lejano conflicto tiene una interpretación en clave local: los fanáticos fariseos representan a los protestantes inconformistas que acusan al Sanedrín (Iglesia Anglicana) de importar idolatría romana (Catolicismo).

eso se unió a otros dramaturgos que defendieron la causa *tory* frente a los *whigs*. Con ese fin adaptó la segunda y tercera parte de *Enrique VI* de Shakespeare en una tragedia titulada *The Misery of Civil-War* (*La desgracia de la Guerra Civil*, 1680), que advierte sobre el desastre al que llevan los conflictos políticos y religiosos. El postulado principal de la obra es que el derecho al trono de la Casa de York es incuestionable, mientras que el de los Lancaster está viciado por la usurpación e, incluso, se defiende la idea absolutista de que el mayor tirano es preferible a la rebelión (ver Hume 1976: 345 y Hughes 1996: 274). Un año más tarde, Crowne adapta la primera parte de la trilogía shakesperiana en una tragedia con el título *Henry the Sixth, the First Part*, pero poniendo el énfasis en su crítica anticatólica, a través de la figura de un cardenal malvado y conspirador.

Sin despreciar su obra trágica, su contemporáneo Gerard Langbaine (1691: 90) consideraba a Crowne mejor capacitado para la comedia, y lo cierto es que, aunque escribió menos piezas cómicas, la mayoría tuvieron más éxito que sus tragedias. Su primera comedia es *The Country Wit* (*El ingenioso provinciano*, 1675), que fusiona partes de *Le Sicilien* y *Tartuffe* de Molière con material propio de Crowne. Es una comedia libertina del estilo de las de Wycherley, Etherege, Behn y otros en la década de 1670. El protagonista es un galán mujeriego, Ramble, que finalmente se arrepiente de sus flirteos con otras mujeres y logra casarse con la resuelta y rica heredera Christina. El título hace referencia irónicamente al caballero del condado de Cumberland que sir Thomas Rash elige para casar a su hija Christina, porque desconfía de los ingeniosos galanes de Londres, como Ramble. Sir Mannerly Shallow (cuyo apellido ya revela su superficialidad) viene a la capital por primera vez y revela su inexperiencia en la vida de la ciudad, haciendo el ridículo en varias escenas farsescas, hasta que se acaba casando por equivocación con la hija de un porteador que se llama Tom Rash, como el padre de Christina. La comedia de la Restauración estaba hecha por y para gente urbanita, y por tanto esta ridiculización de personajes provenientes del campo era frecuente. *The Country Wit* es, como la describe Don-John Dugas (2008: 387), «an enjoyable gulling farce» («una divertida farsa de engaños»), que fue repuesta frecuentemente hasta la década de 1720.

Farsa libertina pero con un propósito de sátira política evidente la encontramos también en *City Politiques* (*Políticos de ciudad*, 1683), cuya representación fue prohibida durante unos meses hasta el triunfo *tory* y puede que también la intervención de Charles II, a quien le encantaban las comedias y tenía cierto aprecio a Crowne, como veremos luego. La obra satiriza a personajes reales como Titus Oates y Stephen College, dos participantes en el Complot Papista, en el Dr. Panchy y el Bricklayer, respectivamente. Es posible también que el famoso libertino de la Restauración, John Wilmot, conde de Rochester, esté representado en el protagonista Florio, que finge estar arrepentido muy enfermo debido a los excesos de su vida disoluta,[18] y que por eso Crowne fue atacado en una calle por alguien enviado por el también enfermo Rochester, que se consideró aludido. Para Hume (1976: 366 y 367), «this gay, racy, biting romp is Crowne's finest play, good though *sir Courtly Nice* is» («esta farsa alegre, picante y mordaz es la mejor obra de Crowne, a pesar de lo buena que es *sir Courtly Nice*») y también la considera «the most effective political comedy of the period» («la comedia política más eficaz de este periodo»). Ante el público, la obra realmente tuvo éxito y se estuvo reponiendo hasta 1718, a pesar de que las alusiones políticas fueron

---

[18] Esta estratagema recuerda a Horner en *The Country Wife* (*La esposa del campo*, 1675) de Wycherley, que finge tener falta de deseo sexual tras sufrir una enfermedad venérea, lo cual relaja a los maridos celosos y le dan acceso a sus esposas. Florio intenta así tener acceso a Rosaura, esposa de Paulo Camillo, recién elegido Podestá de Nápoles por el partido Whig. En principio, las nuevas ocupaciones y la ingenuidad del marido, así como la liviandad de la esposa, facilitan los encuentros, aunque suelen estar interrumpidos por otras personas. Hay otra esposa infiel en esta obra: la joven Lucinda, casada con el anciano abogado Bartoline.

probablemente perdiendo relevancia, según Dugas (2008: 389). El mismo Langbaine (1691: 93) lo comenta: «This Play (which I have seen acted with Applause) is a severe Satyr upon the Whiggish Faction» («Esta obra, que yo he visto representada con el aplauso del público, es una severa sátira sobre la facción *whig*»).

Con todo, más popular aún fue la antes mencionada *Sir Courtly Nice; or, It Cannot Be* (*Don Cortés Delicado, o No puede ser*, 1685), basada en la obra *No puede ser el guardar a una mujer*, de Agustín Moreto, y escrita a petición del rey.[19] De manera similar, aunque no igual, a lo que sucede en el hipotexto español, lord Bellgard cree que la única manera de salvaguardar el honor de una mujer es manteniéndola alejada de la conversación con hombres. Por esa razón pone a tres personas a vigilar a su hermana Leonora: a una tía soltera y a dos hombres fanáticos y contrarios entre ellos: el colérico *tory* Hothead y el hipócrita puritano Testimony. Aunque Leonora ama al joven galán Farewel, su hermano la intenta casar con sir Courtly Nice, un petimetre amanerado, excesivamente preocupado por su ropa y su dieta. Los jóvenes amantes tienen la eficaz ayuda del listo, activo y proteico Crack (el homólogo «gracioso» Tarugo en el original) y logran casarse al final. El remilgado sir Courtly es demasiado extravagante e inofensivo como para ser un obstáculo preocupante. Además, en contraste con el descortés y antipático Surly, sir Courtly se hace un personaje en cierto modo simpático. De todos modos, acaba siendo engañado y casándose con la tía de Leonora sin quererlo. Por su parte, Bellgard termina desposándose con la insumisa Violante, después de que ella

---

[19] White cita al dramaturgo John Dennis, contemporáneo de Crowne, que explica cómo este último, preocupado por la incertidumbre del teatro y la enemistad del sector *whig* después de su crítica en *City Politiques*, le pidió al rey un puesto remunerado que le aportase seguridad económica. Charles II se lo prometió a condición de que escribiese una comedia, sugiriéndole el argumento de *No puede ser*. Crowne la hizo, pero desafortunadamente, el rey murió pocos días después del último ensayo, así que no pudo verla y las esperanzas del autor se vieron truncadas (1922: 137-138).

le hace prometer que gozará de libertad en el matrimonio; y reconociendo que «no puede ser» el pretender controlar a la fuerza los deseos y acciones de las mujeres.

Crowne, pues, conserva la idea y el esqueleto argumental de Moreto, pero traslada la acción a Covent Garden, en Londres, elimina el debate en la pequeña academia de doña Ana Pacheco, e introduce una serie de caracteres (en el sentido de *humours* explicado anteriormente), como sir Courtly, Surly, Hothead y Testimony, contrastados en pares, que aportan una comicidad peculiar y eficaz a esta adaptación. Es una comedia que combina enredo, trama amorosa, caracteres y elementos satíricos, de una manera ligera y competente. Está exenta del libertinaje que se puede ver en las anteriores comedias de Crowne y en otras de la década de 1670 principalmente, y parece adelantarse a la tendencia dominante en los noventa. El mismo epílogo lo deja claro en sus últimos versos: «This Comedy throws all that lewdness down, / [...] / Promotes the Stage to th'ends at first design'd, / As well to profit, as delight the Mind» («Esta comedia elimina toda esa indecencia, / [...] / y eleva el teatro al fin primordial para que fue creado, / que es tanto aprovechar como deleitar la mente», *Sir Courtly Nice*, p. 166).

Esta actitud antilibertina se vuelve moralizante en *The English Frier* (*El fraile inglés*, 1690), a pesar de que el título hace referencia a Father Finicall, un fraile hipócrita y corrupto, con influencia en la Corte y con cuya ridiculización Crowne intenta continuar con su sátira anticatólica característica de su obra. Pero la trama amorosa gira en torno a jóvenes sensatos y moderados, o que se reforman a lo largo de la acción. Por un lado están Bellamour y Julia, que son una pareja seria y juiciosa y, por otro, lord Wiseman es un libertino que abandona a su amante Airy ofreciéndole una pensión y luego intenta cortejar a Laura, hermana de Julia. Pero Laura es una coqueta vanidosa que casi es violada por el mujeriego Ranter, y eso le lleva a cambiar su actitud. El final es el convencional de múltiples bodas: la previsible de esas dos parejas y otra más inesperada, la de Ranter y Airy, impuesta por Wiseman. Por tanto, esta trama tiene un propósito moralizante al atacar la lujuria y la coquetería, y apostar por el matrimonio y el código de honor vigente en la época. Es esta tendencia reformista la que veremos también en *El galán casado*, en el siguiente apartado.

4. *El galán casado, o el curioso impertinente*

La comedia *The Married Beau; or The Curious Impertinent* fue representada por primera vez en el Theatre Royal de Drury Lane en abril de 1694 y publicada poco después ese mismo año. El estreno contó con la contribución musical de Henry Purcell, el famoso compositor barroco inglés, y un elenco excelente, con algunos de los mejores actores y actrices del momento en la United Company, como George Powell (Lovely), Elizabeth Barry (Sra. Lovely), Thomas Betterton (Polidor), Anne Bracegirdle (Camila), Thomas Dogget (Thorneback), William Bowen (sir John Shuttlecock) y Susanna Verbruggen (Lionell), tal como registra Van Lennep (1965: 434). Por tanto, no es extraño que la obra tuviese éxito de público y fuese representada muchas veces.

En su constante búsqueda de financiación, Crowne dedica esta obra a John Sheffield, tercer conde de Mulgrave, que había sido firme partidario de James cuando era duque de York y, cuando este subió al trono, Sheffield pasó a ser miembro del Consejo Privado. Aunque fue nombrado Marqués de Normanby en 1694 por el posterior rey William, dos años más tarde fue expulsado del Consejo por negarse, junto con otros pares *tory*, a reconocer la legitimidad del nuevo monarca frente a la causa jacobita. La elección de Sheffield como dedicatario está, pues, en línea con las ideas políticas de Crowne (aunque él no era tan opuesto a William), y tiene un toque de oportunismo, al hacerse el año de la creación de su marquesado. Sin embargo, esta comedia no tiene una intencionalidad política clara como las anteriores. Como todas las dedicatorias de la época, esta es de carácter exageradamente laudatorio. Pero hay una frase que deja entrever una cierta amargura por parte del autor cuando dice que sus compatriotas no le han mostrado el afecto que él siempre ha tenido a su país, resquemor causado posiblemente por los problemas económicos que tuvo durante toda su vida. Por ese motivo, espera que el apoyo de su dedicatario mejore su «modesta fortuna» (p. 54).

Además de ese paratexto, como también era frecuente en la época, se añade una «Epístola al lector» comentando cuestiones relativas a la obra que se presenta. En este caso Crowne la utiliza para contestar a los que han puesto en duda su moralidad y afecto por el gobierno. Él dice dar muestras de lo contrario en sus obras. Menciona *The English Frier* en la que, como vimos antes, critica duramente a los católicos, que para él son un peligro para su país; y también *Regulus* (1692), una tragedia patética que presenta un protagonista heroico y estoico, y en la que el autor cree demostrar que está en contra de la traición. Crowne se defiende de las críticas que recibió el prólogo de *El galán casado*, alegando que desear que se aprecie más la poesía y la sabiduría no supone ser enemigo del Gobierno. Asimismo, Crowne responde a las críticas que algunas señoras hicieron sobre la moralidad de la obra porque muestra a una mujer que supuestamente cede a la tentación y tiene una relación adúltera, aunque luego confiesa y se arrepiente de su pecado. El autor se pregunta qué es lo que les ofende más, si la presentación del pecado o de la contrición. Lo primero es frecuente en obras teatrales de la época, como hemos visto, e incluso en la Biblia, en la que se pueden leer historias de mujeres adúlteras que son perdonadas incluso sin que mostrasen penitencia alguna. En su obra, la Sra. Lovely peca una sola vez y se arrepiente de ello.[20] Según Crowne, es «severamente castigada» (p. 59) por su marido, su amante y su criada, aunque en realidad no lo es tanto, porque pronto es perdonada, aunque sea por razones diferentes

---

[20] Es más, visto desde hoy en día, realmente no peca sino que es víctima de una violación. Es, por tanto, más llamativa la falta de empatía de esas mujeres que la critican.

en cada caso. Lo que le parece llamativo del fanatismo puritano subyacente en esas críticas es la morbosa pulsión que llevaba a esa parte del público a fijarse únicamente en la parte «pecaminosa» y obviar la reflexión y compunción posterior de quien transgrede. Así vemos cómo el recurso del arrepentimiento por los errores cometidos, que es clave en la reforma moral de la comedia de los últimos años del siglo xvii, no era suficiente para esa parte del público (femenino principalmente), que seguía protestando por la supuesta inmoralidad en el teatro.[21] Pero, como Crowne mismo concluye, él (como la mayoría de sus compañeros dramaturgos) no está dispuesto a limitar tanto su creatividad. Eliminar la presentación de errores, transgresiones e imperfecciones va en contra de la esencia misma de la comedia, como se demuestra en la versión más extrema de la comedia sentimental de principios del siglo xviii, que es más melodramática que cómica.

Como apunta la epístola, el prólogo se centra en reivindicar la literatura frente a los que la desprecian porque no produce riqueza o no se ajusta estrictamente al discurso moral. Crowne anima al público a estimar el ingenio literario por su propio beneficio cultural y el propio placer estético. Pero, además, el autor defiende que la literatura tiene más capacidad didáctica que los escritos religiosos y más abiertamente morales. En el caso de la comedia teatral, se somete «a necios y a pícaros» al desdén de espectadores y lectores, quienes siempre «del escenario sacarán placer y provecho» (p. 62), tal como estipulan las poéticas clásicas y neoclásicas. Podemos esperar, pues, que la comedia que sigue no solo intenta entretener, sino también instruir a través del ejemplo positivo o negativo proporcionado

---

[21] John H. Smith (1971: 152) afirma que, tratando el tema del adulterio, Crowne encontró la desaprobación del público femenino, que le estaba ganando la batalla al masculino en lo que se refiere a la recepción del teatro. No creo que esto sea del todo cierto ya que las críticas no venían de todo el público femenino y, además, a pesar de ellas, esta obra tuvo bastante éxito.

por las acciones y diálogos expuestos en el escenario, así como de la ridiculización de la necedad.

El galán casado es una dramatización de la historia de *El curioso impertinente* de Cervantes que, como otras adaptaciones teatrales mencionadas antes, reduce la acción original notablemente para transformarla en una de las tramas de una obra en cinco actos, que intenta cumplir, en la medida de lo posible, las tres unidades clasicistas y ajustarse a las limitaciones de escenario. Esta trama ocupa la mayor parte de la obra y está bien conectada con la secundaria a través de personajes, actitudes y temática; y la acción sucede en un periodo de tiempo equivalente a unas 24 horas (desde una tarde a la siguiente), y en una localización particular, que no es Florencia sino Covent Garden. Esa zona de Londres estaba muy de moda entre las clases altas de la época, geográfica y simbólicamente situada entre la Corte y la ya entonces llamada City de los pujantes comerciantes de «clase media», y era donde también estaba el mismo Theatre Royal y se ambientaban muchas otras comedias de la Restauración. Este cambio de localización, como ya había hecho en *Sir Courtly Nice*, permite a Crowne acercar la acción de la obra al entorno de los espectadores con el fin de facilitar la mejor comprensión de personajes y situaciones, y por tanto reforzar el elemento satírico presente en esta comedia y apuntado tanto en el prólogo como en el epílogo.

Crowne hace también un cambio notable en lo que se refiere a caracterización, ya que transforma a los personajes nobles y serios del hipotexto cervantino en otros más vanidosos y ridículos. El equivalente a Anselmo es el *Married Beau* del título, y se llama señor Lovely.[22] En el listado de personajes se

---

[22] Muchos nombres de personajes en la comedia de la Restauración suelen describir a esos personajes. *Lovely* significa 'bonito, hermoso', y hace referencia al atractivo físico del protagonista y a su obsesión por el mismo. La palabra *beau* del título también hace referencia a él. Es un galicismo que en francés significa lo mismo que *lovely*, pero que en inglés se utilizaba en esa época para referirse a un galán o novio,

le describe como: «un galán recientemente casado. No carece de ingenio, pero le sobra afectación. Se cree muy apuesto y desea que así lo consideren todas las damas y especialmente su esposa» (p. 63). Y la obra comienza significativamente con él «mirándose la ropa» (p. 65). Es decir, Lovely es un petimetre afectado y narcisista, que se gusta a sí mismo y busca la admiración de los demás. Como dice Snider (2006: 328), Lovely se ve a sí mismo únicamente a través de los ojos de los demás y demanda constantemente su aprobación. Es precisamente esa obsesión por ser admirado por su mujer lo que motiva su deseo de poner a prueba su fidelidad. Cervantes no explicita tan claramente la motivación de Anselmo. Crowne sí, ya que Lovely le dice a su amigo Polidor que, aunque puede gozar del cuerpo de su mujer, lo que él desea más aún es su espíritu: «Ser admirado por ella. Señor, ser admirado por una mujer buena va más allá de los placeres que pueda procurar su cuerpo [...] ¿Qué no daría yo por que esta maravilla de mujer me creyera a mí una maravilla de hombre?» (p. 67). Le pide a su amigo que la corteje para saber si resiste o no y, si lo hace, es «por razones de honor y de religión o por el alto concepto que tiene de mí» (p. 68) y porque piense que no hay otro hombre mejor que su marido. Esta es la impertinente curiosidad que motiva a Lovely, provocada por una ansiedad de naturaleza narcisista.[23]

Crowne también modifica la relación entre «los dos amigos» del relato cervantino, ya que Lovely y Polidor no parecen tener una amistad tan fuerte y consolidada. En la primera escena de la obra, se demuestran afecto y admiración mutua pero, sobre

---

pero también como sinónimo del más frecuente término *fop*, para referirse a un petimetre, un hombre que presta excesiva atención a la ropa y apariencia física. El *fop* narcisista, afectado y ridículo es un personaje habitual en las comedias de la época. Robert Heilman (1982: 365) destaca el uso frecuente que se hace del término *beau* con el mismo significado de *fop* en obras de los últimos años del s. XVII.

[23] Para James Sutherland (1969: 128), esta obra es más una «problem play» ('obra de tesis') con cierto interés psicológico que una comedia. Pero, desafortunadamente, Sutherland no desarrolla esta idea.

todo por parte de Polidor, parece una relación algo distante y falsa. Los apartes de esa primera conversación indican que Polidor considera a Lovely un necio presumido, y que se ve en la libertad de aprovechar la ocasión y reírse de él: «¿Será tan necio como parece? ¿O cree que lo soy yo y quiere gastarme una broma? [...] El honor me obliga a hacer todo lo que pueda por ponerle unos buenos cuernos en su cabeza de chorlito, vengarme y hacer un ejemplo con él» (p. 69). Por tanto, como Subtle en la adaptación de Nathan Field, Polidor cree que su amigo actúa como un tonto y está dispuesto a seducir a su esposa. Esto no le supone un conflicto moral como a Lotario, porque él es más cínico, su amistad con Lovely no es tan fuerte y este es un personaje presumido y frívolo que difícilmente se puede tomar en serio. Lo único que le preocupa a Polidor es lo que esa aventura puede suponer si se entera Camila, con quien mantenía una relación.

No debemos confundir esta Camila con la de Cervantes: esta es hermana del protagonista, no su esposa. Y, además, es un personaje bastante contrapuesto a la Sra. Lovely, al menos al principio. La esposa de Lovely es, como él, muy vanidosa, aunque también más preocupada por su reputación. Se la describe en el listado de personajes como «una coqueta ingeniosa y bella a la que le encanta ser cortejada y admirada, sin pasar a mayores. Muy orgullosa, considera importante su honor» (p. 63). Su coquetería y frivolidad le hace tontear con Thorneback, creando falsas expectativas en él, ya que tan solo le gusta gustar, no «pasar a mayores». No es en absoluto una mujer activa en la dinámica de la seducción, como Rosaura en *City Politiques* y otras protagonistas de las comedias de la Restauración. Se siente ofendida cuando su marido la deja sola con un hombre tan tentador como Polidor y cuando este empieza a cortejarla, porque para ella eso quiere decir que la considera «una mala mujer» (p. 90). Como la Camila de Cervantes, la Sra. Lovely rechaza las primeras insinuaciones del supuesto amigo de su marido y las denuncia por carta a su esposo, sin obtener ninguna ayuda de él. Entonces apela a la solidaridad femenina pidiendo ayuda a la Camila de Crowne, lo cual abre dos nuevos conflictos paralelos.[24] Por un lado, esta se entera de la infidelidad de su pretendiente Polidor, al que creía ser un hombre perfecto y, por otro lado, la situación genera una fuerte tensión también entre las dos mujeres, sobre todo cuando la seducción se consuma en el acto III.[25]

La escena de esta consumación es, al menos vista desde hoy en día, más cercana a una violación que a una seducción por enamoramiento o atracción sexual mutua. La misma Sra. Lovely, cuando ve a Polidor entrar furtivamente en su alcoba, le pregunta si tiene intención de forzarla y se enfrenta a él en defensa de su honor con gran indignación y determinación, aunque reflejando en apartes su miedo a rendirse. Ante su resistencia, la pasión de Polidor crece hasta perder este la razón (tal como él reconoce), y entonces «la arrastra fuera del escenario y echa el cerrojo a la puerta» (p. 114), según nos dice una acotación. El decoro de la época no nos permite ver lo que pasa después, pero este preliminar apunta a una relación forzada que debería apelar a la empatía con la víctima. Sin embargo, la criada de la Sra. Lovely, Lionel, decide no interrumpirlos porque dice sentir envidia y querer sacar provecho del secreto de su ama. Por su parte, Camila, al oír voces en la alcoba, deduce que Polidor «ha deshonrado a la señora Lovely», pero tampoco actúa en

---

[24] En esta obra la solidaridad entre los personajes femeninos es más frágil y compleja que en *The Amorous Prince* de Behn, porque Camila no es tan fuerte, ingeniosa y proactiva como Ismena, y no se le ocurre ocupar el lugar de su cuñada y, por consiguiente, la Sra. Lovely no se libra de la seducción como Clarina. Además, entre Camila y la Sra. Lovely se crea una rivalidad que nunca hay entre Ismena y Clarina.

[25] La Sra. Lovely también asume la ideología de género de la época en cuanto a la supuesta debilidad de la mujer. En el acto V le dice a Lionel: «La naturaleza no es amiga de nuestro frágil sexo. Nos da regalos para arruinarnos, atractivos para seducir, pero no fuerza para resistirnos. En la pasión somos fuertes, en la razón débiles, constantes solo en el error y la falta, en la virtud fingidas, en la vanidad sinceras, ingeniosas en el pecado y listas para condenarnos» (p. 149).

su defensa. Por el contrario, culpa a la víctima y a la supuesta debilidad femenina: «¡Lo que es una mujer! Me avergüenzo de ser mujer» (p. 116). Y, cuando sale la Sra. Lovely, hay un fuerte enfrentamiento entre ellas, en las que esta última incluso amenaza con apuñalar a Camila, y esta con publicar el asunto en *La Gaceta*, lo cual supondría la muerte social de su cuñada.[26] Esta segunda escena melodramática en el clímax de la obra termina con la confesión de la Sra. Lovely de que Polidor la forzó y ella ahora se siente avergonzada. Esta afirmación gana la compasión de Camila, que vuelve a ser una «criatura celestial», un «ángel de la guarda» que ayuda a su cuñada en el proceso de arrepentimiento que empieza en ese momento.[27]

Como ya resaltó White (1920: 169), la Sra. Lovely no sucumbe sin haberse resistido antes y su compunción es sincera. En el acto IV la vemos expresando repetidamente ese arrepentimiento y el deseo de reformar su vida. Le dice a Camila: «A partir de este momento voy a cambiar el curso de mi vida. Deshacerme de toda vanidad y de la vana sociedad» (p. 130). Poco después en un aparte afirma: «¡Adiós intrigas, bienvenida sea la virtud feliz! […] Romperé con Polidor» (p. 138). Le preocupa sobre todo su reputación, los comentarios que la gente pueda hacer de su deshonra. En otro aparte al comienzo del acto V nos revela que teme la vergüenza «más que la misma muerte» (p. 147).

---

[26] Probablemente se refiere a *The London Gazette*, la publicación periódica más antigua de Inglaterra, fundada en 1666. Se trataba simplemente de una hoja a dos columnas, que contenía información oficial pero también sobre sucesos nacionales e internacionales, así como anuncios de tipo social como quiebras económicas, nombramientos o bodas, y era enviada a subscriptores o accesible en locales públicos. Por tanto, una noticia escandalosa podía tener mucha repercusión social y afectar seriamente la reputación de una persona.

[27] La representación de esta escena a cargo de las dos actrices principales del momento, Barry y Bracegirdle, en el estreno de la obra sin duda estaba pensada para reforzar la fuerte emotividad de la situación y contribuyó al éxito de esa representación. Aún así, la compasión de Camila no parece haber sido compartida por algunas espectadoras, tal como se deja ver en la epístola preliminar.

Este miedo a la crítica y humillación pública es frecuente y comprensible en una sociedad tan dominada por la cultura de la vergüenza, el doble rasero moral y las pocas oportunidades de independencia económica que tenían las mujeres en el siglo XVII. Para contener ese peligro, la Sra. Lovely necesita la complicidad de Lionel, y para su proceso de contrición cuenta con la ayuda de su compasiva cuñada.

Camila es siempre descrita como una mujer virtuosa y devota. Polidor la considera «la única santa de Covent Garden» (p. 80), la única mujer hermosa que va a la iglesia a rezar y no a encontrar amantes o maridos, y que siempre esconde su belleza bajo un velo. Ella evita hablar con él porque cree que no está a la altura de lo que él espera debido a su escasa fortuna económica. Lovely avisa a Polidor de que no le será fácil conquistar a Camila porque «no hay guarnición en Europa mejor defendida que ella» (p. 82), infranqueable al asedio con sexo o dinero. Es, por tanto, un epítome de devoción, castidad e integridad moral. Sin embargo, al enterarse de que Polidor está cortejando a la Sra. Lovely, vemos a una Camila despechada y enojada, negando que ella sea una santa y defendiendo que, de todos modos, las santas tampoco deben aguantar abusos. Y, como vimos antes, cuando se consuma la infidelidad, se enfrenta duramente a su cuñada y la amenaza con exponer su deshonra públicamente. Estos momentos de indignación y destemplanza la humanizan, pero por poco tiempo porque, al enterarse de que esa relación fue forzada, en seguida se apiada de la Sra. Lovely y la apoya en su proceso de enmienda. Retorna así a su condición beatífica. En el acto IV Polidor se queja de esa influencia de Camila sobre la Sra. Lovely con gran sarcasmo:

POLIDOR: Creo que su santa Camila ha estado maleándola.
SRA. LOVELY: Ha estado curándome, pero no puede convertirme en una mujer tan buena como ella.
POLIDOR: No es una mujer. Es un monumento eclesiástico, una pintura de la virginidad en mármol.

SRA. LOVELY: Es un querubín de carne y hueso.
POLIDOR: No es de carne. Ha guardado tantas Cuaresmas
que se ha convertido en pescado (p. 134).

Sin embargo, una vez que se da cuenta de que no tiene más opciones con la Sra. Lovely, el inconstante y cínico Polidor decide abandonar sus «intrigas lascivas» (p. 145), sentar cabeza e intentar casarse con «la única criatura perfecta de su sexo» (p. 155). Vuelve a cortejar a Camila y le ruega que sea su guía moral: «Su amor me conducirá a la piedad». Ella acepta ese rol y casarse con él «para aumentar su virtud con mi amor» (pp. 163-163). La reforma moral de Polidor es poco convincente, pero está en la línea de otros arrepentimientos finales de personajes libertinos en comedias de la Restauración.[28] Y el papel moralizante de la esposa virtuosa rescatadora de maridos disolutos se ve ya en algunas de esas obras y es frecuente verlo en la literatura sentimental del siglo XVIII.

Igualmente repentina y reflejo de un humor inestable es la reforma de Lovely. Durante toda la obra, se muestra muy activo e insistente en testar a su mujer, sometiéndola al acoso sexual de su amigo Polidor.[29] Pero, cuando se entera de que esa relación tiene lugar, se derrumba emocionalmente, se considera el hombre más desgraciado del mundo, y quiere matar a su esposa y luego a sí mismo. Esta amenaza de tragedia no dura mucho porque pronto oye a su mujer decir que él es «uno de los hombres más apuestos del mundo» (p. 153) y que no lo cambiaría por otro. Eso es suficiente para hacerle feliz y decir: «¡Qué esposa tengo! […]

---

[28] David Berkeley (1952: 233) incluye a Polidor en su lista de libertinos penitentes de las comedias de la Restauración y, dentro de ella, de aquellos cuya conversión se presenta como influenciada por la virtud de una mujer.

[29] Al final del acto II, Lovely llega a decir a su mujer que Polidor y él comparten la misma alma y, por tanto, son «un solo esposo» (p. 121) y ella debe ser cariñosa con su amigo. Por esta misma razón, además, Polidor sería adúltero si tuviese relaciones con otra mujer.

Bien, ahora estoy convencido de que soy dueño de su alma. Y el alma lo es todo, es la belleza de la belleza» (p. 154). A mi modo de ver, esto no le hace un hombre sensible y refinado, como defiende Snider (2006: 329), sino un hombre frívolo y vanidoso, que por fin consigue oír de boca de su mujer lo que buscó desde el principio: una declaración de su fidelidad basada en la admiración de su atractivo físico.[30] Esa alma de su esposa que Lovely dice poseer no es más que un espejo que refleja la admiración que él siente por sí mismo. También es significativo que en esa especie de epifanía no esté presente la Sra. Lovely, ni veamos una disculpa posterior de quien puso su honestidad y amor en duda. Para solucionar el conflicto generado por la curiosidad impertinente de Lovely, facilitar la reintegración de la pareja en la sociedad patriarcal y llevar a un final feliz propio de una comedia, la esposa cuestionada, tentada y hasta forzada debe arrepentirse de su coquetería, pero el marido vanidoso e imprudente que duda de ella y propicia su violación tan solo necesita obviar esa consecuencia y cambiar de humor tras conseguir su propósito.[31] Como él mismo dice al final de la obra: «Tengo ahora todas las felicidades que deseo en el mundo. La mujer a la que tanto admiro también me admira a mí» (p. 164).

Además de todo este argumento que adapta del relato de Cervantes, Crowne añade una trama secundaria con dos figuras cómicas: Thorneback y sir John Shuttlecock. El primero está descrito como: «Petimetre ya entrado en años, atrevido, libertino, engreído e ingenioso, que se cree merecedor de la admiración de toda dama hermosa y galantea con todas las que

---

[30] Snider (2006: 329) defiende que, a pesar del énfasis que pone en la apariencia física, lo que le interesa a Lovely es el alma o espíritu y, de este modo, se convierte en un portavoz de una nueva sensibilidad. Sin embargo, yo creo que lo que a Lovely le preocupa en el caso de su mujer no es su espiritualidad en el sentido moral, religioso o sentimental sino su propia necesidad ególatra de sentirse admirado por ella.

[31] Compárese esto con el desenlace presentado en *Amends for Ladies*, en donde el marido sí se arrepiente y la esposa no lo necesita hacer sino que sale triunfante después de demostrar su inocencia.

conoce» (p. 63). Su mismo nombre indica que es un solterón.[32] En el acto I, Lovely dice que es feo, viejo (55 años) y odioso, y que las mujeres se ríen de él o le intentan engañar para sacarle dinero. La Sra. Lovely, aunque le considera un monstruo, coquetea con él. Eso crea falsas expectativas en Thorneback y por eso este le canta una canción e intenta besarla, pero ella lo rechaza y echa de su casa. Este *senex amans*, a menudo insolente y ofensivo, tiene más suerte con la criada de la Sra Lovely, Lionel, que «solo desea encontrar esposo» (p. 63) y ve en él una oportunidad de oro para conseguir su fin y encima hacerlo con alguien de alcurnia y fortuna.[33] Lionel es una joven espabilada y ambiciosa, que quiere llegar a ser alguien en la vida y defiende que las mujeres son más listas y fuertes que los hombres. La vemos fría y calculadora cuando se entera de lo sucedido entre Polidor y la Sra. Lovely, queriendo sacar provecho de ello. Y de hecho lo consigue, porque desde entonces su ama considera su reputación totalmente dependiente de ella y le ofrece ayuda y dinero. Le permite además esconder a Thorneback en su habitación, lo cual lleva a un serio malentendido con Polidor que reafirmará la intención de reforma en la Sra. Lovely. Pero luego Lionel siente compasión por su señora y le ayuda a montar la escena para (des)engañar a su esposo. La solidaridad y reconciliación de estas mujeres contribuye claramente al final feliz de esta comedia, aunque de manera diferente a otras versiones cómicas de *El curioso impertinente* que hemos comentado.

---

[32] Según el *Oxford English Dictionary, thornback* es un término informal, ahora ya obsoleto, que se utilizaba para referirse a una mujer entrada en años que no se ha casado. Su aplicación a un personaje masculino pretende ser ridiculizante.

[33] Según Snider (2006: 330), Thorneback es una figura ridícula análoga al «cincuentón» de la novela de Cervantes que, en vez de sublimar sus impulsos sexuales y refugiarse en un mundo de fantasía haciéndose caballero andante, intenta satisfacer esos impulsos buscando aventuras amorosas.

Más extravagante e irrisorio es sir John Shittlecock, descrito en el listado de personajes como «joven petimetre enamoradizo, caprichoso, necio y atolondrado que se enamora de todas las damas que encuentra y que no se mantiene firme en su opinión un solo minuto» (p. 63). Su mismo apellido sugiere inconstancia e inestabilidad.[34] Le gustan las cuatro mujeres de la obra y no es capaz de decidirse por ninguna. Además es tímido y tiene dificultad para comunicarse con ellas, sobre todo con las de clase alta, que le imponen más respeto. A la hermana de la Sra. Lovely, Cecilia, le dice que él es un galán y por eso las mujeres esperan cierta atención amorosa de él. Cortejar es, por tanto, para él una muestra de su galantería y buena educación. Pero Shittlecock es tan solo un intento frustrado de galán, un simple *fop* disparatado, una versión cómica de Lovely, porque también tiene algo de narcisista. En un aparte del acto III le oímos decir: «Dios mío, no me importaría morir si todas las bellas mujeres de la ciudad lloraran por mí. ¡Ah, qué gran placer sería ese!» (p. 106). Pero el momento más ridículo que protagoniza es la escena farsesca con la que comienza el acto IV, en la que lo vemos abrazado a una columna y hablándole como si fuese una de las mujeres que le gustan, adoptando voz femenina para las supuestas respuestas de esa columna personificada. Él mismo se dice que es el hombre más apuesto de Inglaterra y que Thorneback es el más feo. Curiosamente este estaba mirándole escondido, le interrumpe en ese momento y discuten. Poco después la Sra. Lovely pide a una criada que les tire un cubo de agua encima, porque no quiere hombres rondando su casa. La imagen de esos dos personajes ridículos empapados sobre el escenario pone colofón a ese intervalo de farsa que contrasta

---

[34] La palabra *shittle* significa 'voluble, inestable'. *Shittlecock* o, más frecuentemente *shuttlecock* es un 'volante o pluma con la que se juega al bádminton', lo cual sugiere la idea de ligereza y mutabilidad. A esto hay que añadir que *cock* es un término informal para el órgano sexual masculino, lo cual apunta a que la volubilidad del personaje se nota especialmente en su carácter enamoradizo.

con la seriedad y patetismo del acto anterior.[35] Sir John se acaba casando con Cecilia, una mujer casi tan corta y voluble como él, aunque todavía dudando de qué mujer le gusta más.[36]

Según Susan Staves (1982: 422-3), en esta comedia hay dos *fops*: uno idiota (Shittlecock) y otro más serio (Lovely). Los dos acaban logrando sus objetivos y formando parte del final feliz típico del género. Para Staves son un ejemplo de cómo en el reinado de William y Mary se suaviza la actitud crítica hacia el *fop*, de manera paralela a la reacción en contra de la figura del libertino cínico y hedonista, en búsqueda de una masculinidad más refinada y sensible, así como una comicidad más benevolente. Es cierto que en las comedias de los últimos años del siglo XVII hay menos simpatía por los galanes libertinos, que acaban arrepintiéndose de su vida disipada de manera más o menos convincente, y que se nota cierta complacencia hacia los *fops*, a los que se les trata con menos crudeza. No obstante, hay que destacar que sir John y Lovely no son iguales. Como resalta Hughes (1996: 341), los dos se fijan en lo superficial, las apariencias, pero Lovely intenta penetrar en el alma de su mujer, aunque solo sea para comprobar que estima su belleza exterior. Y la situación generada por su experimento tiene características de tragedia (Snider 2006: 329). Yo veo a Lovely como demasiado vanidoso e insensato, demasiado cruel con su mujer y misógino en general, e incluso demasiado crítico con el matrimonio en ciertos momentos, como para representar un nuevo ideal masculino incluso para finales del siglo XVII.[37] Y, obviamente,

---

[35] Para Allardyce Nicoll (1952: 272), esta obra es «a light farce» («una farsa ligera»), lo cual creo que solo es cierto si nos fijamos en esta trama secundaria, porque la principal es más cercana a la tragicomedia que a la farsa.

[36] Hughes (1996: 341) ve a sir John como un hombre superficial, que se encapricha por cualquier mujer que ve y hasta es capaz de cortejar a una columna imaginando que es alguna de ellas. Pero Crowne humaniza a este fatuo personaje integrándolo en el final cómico de múltiples casamientos.

[37] Cuando en el último acto, Polidor le confiesa a Lovely que ha tenido una relación sexual con su esposa, este se enfurece y exterioriza un

también dudo de que los otros personajes masculinos de esta obra lo sean. No considero que haya un protagonista que se intente presentar como ejemplar, como hay en las comedias contemporáneas de Shadwell, por ejemplo. Creo que los personajes femeninos salen mejor parados en comparación, dando muestras de mayor capacidad autocrítica, empatía y sensatez.

La obra termina con un epílogo recitado por el actor que hacía el papel de Thorneback, Thomas Dogget, y que se dirige a los «galanes» del público, que se pueden ver reflejados en la representación como si esta fuese un espejo. Por ejemplo, en él mismo se pueden ver retratados los viejos petimetres que «solamente consiguen mujeres jóvenes por su dinero». En el «atolondrado sir John» se pueden reconocer los jóvenes galanes vanidosos que solo pueden emparejarse con mujeres tan torpes como ellos. Y los petimetres necios como Lovely, «aunque galanes con gracia, no dejarán de ser cornudos con gracia» (p. 165). Es decir, el epílogo presenta la obra como un espejo que refleja defectos y vicios comunes en la sociedad, y los ridiculiza en el escenario con propósito correctivo, lo cual está en sintonía con lo defendido en el prólogo. Crowne parece así presentar su comedia como una sátira social y, sin duda, lo es. El *galán casado* es, en cierto modo, una comedia de caracteres al estilo jonsoniano, como muchas de las de ese periodo, pero Crowne suaviza la ridiculización y añade tanto momentos melodramáticos como una finalidad ejemplarizante a través del arrepentimiento e intención de reforma (más o menos explícita y convincente) de los personajes principales.

---

desprecio enorme por su esposa, las mujeres en general y por el matrimonio: «¡Estoy casado con una sinvergüenza! ¡Que deba casarse un caballero honrado! ¡El matrimonio es peor que la cárcel para nuestro sexo! En la cárcel azotan a las rameras, pero en el matrimonio son puñales para los hombres honrados». Y, mientras que a Polidor lo considera valiente y honrado, a su esposa la ve ahora como «una ramera» (acto V).

En conclusión, en *El galán casado* John Crowne dramatiza el relato trágico de *El curioso impertinente* de Cervantes adaptándolo al contexto del teatro inglés del periodo de la Restauración. Traslada la acción a Londres, altera notablemente la caracterización de los protagonistas y el desenlace, y añade una trama cómica paralela. El hipotexto cervantino se transforma así en una historia que pone a prueba amor conyugal y amistad, sí, pero entre un marido necio y narcisista, un amigo cínico y libertino, una esposa coqueta pero celosa de su honra, una joven angelical y mentora, un viejo engreído en busca de aventuras amorosas y un petimetre indeciso y atolondrado. Crowne da una motivación clara para la impertinente curiosidad de Lovely: su obsesión narcisista por ser admirado. El protagonista es un petimetre que cuida demasiado su aspecto físico, se vanagloria del mismo y se obceca en comprobar si su esposa es consciente de ese atractivo y le es fiel por ello. Tiene la misma obsesión vanidosa de sir Courtly Nice y otros *fops* de la época, pero la de Lovely no es inocua sino potencialmente trágica (como pasa con la curiosidad impertinente de Anselmo en el *Quijote* y Anselmus en *The Second Maiden's Tragedy*). Lovely no es un presumido simpático ni ridículo, es más bien un personaje oscuro y a veces incluso desagradable cuya frivolidad genera problemas transcendentales para los que le rodean. No obstante, Crowne evita el desenlace trágico gracias principalmente al arrepentimiento de la Sra. Lovely y Polidor, la virtud ejemplar de Camila, y la empatía y el ingenio de Lionel, en una línea similar a *The Disappointment* y a otras comedias de la última década del siglo XVII, y al mismo tiempo coherente con sus comedias anteriores, como *The Country Wit* y *The English Frier*. No me atrevo a decir que esta sea la obra en la que Crowne muestra lo mejor de sí, como opina White (1920: 169-170), pero sinceramente creo que no se merece la desconsideración académica y editorial que ha tenido hasta el momento. Por esa razón aplaudo la iniciativa de dar a conocer esta obra al público hispanohablante en esta edición.

Bibliografía citada

Altaba-Artal, Dolors, *Aphra Behn's Feminism. Wit and Satire*, Susque-
hana University Press, Selingsgrove, 1999.
Álvarez Recio, Leticia (ed.), *Iberian Chivalric Romance: Translations
and Cultural Transmission in Early Modern England*, University of
Toronto Press, Toronto, 2021.
—, «Traducción y recepción del Quijote en Gran Bretaña (1612-1774)»,
Anales cervantinos, 37 (2005), pp. 253-265.
Berkeley, David S., «The Penitent Rake in Restoration Comedy», *Modern
Philology*, 49.4 (1952), pp. 223-233.
Bjornson, Richard, *The Picaresque Hero in European Fiction*, University
of Wisconsin Press, Madison, 1977.
Blanco, Carlos, «Picaresca española, picaresca inglesa: sobre las deter-
minaciones del género», *Edad de Oro*, 2 (1983), pp. 46-65.
Bourus, Terri y Gary Taylor (eds.), *The Creation and Re-Creation of
Cardenio. Performing Shakespeare, Transforming Cervantes*, Palgrave
Macmillan, Nueva York, 2013.
Braunmuller, A. R. y Michael Hattaway (eds.), *The Cambridge Com-
panion to English Renaissance Drama*, Cambridge University Press,
Cambridge, 1990.
Canfield, J. Douglas, *Tricksters and Estates. On the Ideology of Restora-
tion Comedy*, University Press of Kentucky, Lexington, 1997.
Cervantes, Miguel de, *Don Quijote de la Mancha*, RAE / Alfaguara,
Madrid, 2004 [1605-1615].
Crowne, John, *Sir Courtly Nice. A Critical Edition*, ed. C. B. Hughes,
Mouton, La Haya, 1966.
Darby, Trudi L. y Alexander Samson, «Cervantes on the Jacobean Stage»,
en *The Cervantean Heritage: Reception and Influence of Cervantes in
Britain*, ed. J. A. Garrido Ardila, Legenda, Londres, 2009, pp. 206-222.
Dietz, Bernd, «El teatro jacobeo y carolino», en *Historia crítica del teatro
inglés*, ed. P. Hidalgo *et al.*, Marfil, Alcoy, 1988, pp. 101-122.
Dugas, Don-John, «Elhanah Settle, John Crowne and Nahum Tate», en
A Companion to Restoration Drama, ed. S. Owen, Blackwell, Oxford,
2008, pp. 378-395.
Farley-Hill, David, *Jacobean Drama: A Critical Study of the Profesional
Drama, 1600-1625*, Macmillan, Basingstoke, 1988.
Figueroa Dorrego, Jorge, «An Introduction to the Presence and Influence
of the Seventeenth-Century Spanish Novel in the Restoration Period»,
Babel-AFIAL, 6 (1997), pp. 61-75.

—, «Genre Shifting in Restoration Adaptations of Cervantes's "El curioso impertinente"», *Atlantis, Journal of the Spanish Association of Anglo-American Studies*, 40.1 (2018), pp. 59-75.

Fisk, Deborah Payne (ed.), *The Cambridge Companion to English Restoration Theatre*, Cambridge University Press, Cambridge, 2000.

Garrido Ardila, Juan Antonio, «La tradición picaresca española en Inglaterra», *Bulletin of Hispanic Studies*, 76.4 (1996), pp. 453-471.

Genette, Gérard, *Palimpsestos. La literatura en segundo grado*, trad. C. Fernández Prieto, Taurus, Madrid, 1989 [1982].

Griffiths, Huw, «"Shall I Never See a Lusty Man Again?": John Fletcher's Men, 1608-1715», en *The Creation and Re-Creation of Cardenio. Performing Shakespeare, Transforming Cervantes*, ed. T. Bourus y G. Taylor, Palgrave Macmillan, Nueva York, 2013, pp. 95-107.

Heilman, Robert B., «Some Fops and Some Versions of Foppery», *ELH*, 49.2 (1982), pp. 363-395.

Hughes, Derek, *English Drama, 1660-1700*, Clarendon Press, Oxford, 1996.

Hume, Robert, *The Development of English Drama in the Late Seventeenth Century*, Clarendon Press, Oxford, 1976.

Jehenson, Yvonne, «*Masochisma versus Machismo* or Camilla's Re-writing of Gender Assignations in Cervantes *Tale of Foolish Curiosity*», *Cervantes*, 18.2 (1998), pp. 26-52.

Jordan, Robert y Harold Love (eds.), *The Works of Thomas Southerne*, Clarendon Press, Oxford, 1988.

Kinney, Arthur (ed.), *A Companion to Renaissance Drama*, Blackwell, Oxford, 2004.

Langbaine, Gerard, *An Account of the English Dramatick Poets*, George West and Henry Clements, Oxford, 1691.

Moore, Helen, *Amadis in English: A Study in the Reading of Romance*, Oxford University Press, Oxford, 2020.

Nicoll, Allardyce, *A History of English Drama, 1660-1900. Vol.1. Restoration Drama, 1660-1700*, Cambridge University Press, Cambridge, 1952.

O'Connor, John J., *Amadis de Gaule and Its Influence on Elizabethan Literature*, Rutgers University Press, New Brunswick, 1970.

Owen, Susan (ed.), *A Companion to Restoration Drama*, Blackwell, Oxford, 2008.

Parker, Alexander, *Los pícaros en la literatura. La novela picaresca en España y Europa (1599-1753)*, Gredos, Madrid, 1975 [Edinburgh University Press, 1967].

Pardo García, Pedro Javier, «*El paladín de Essex*: la primera imitación narrativa del *Quijote* en la prosa inglesa», en *El paladín de Essex*,

William Winstansley, trad. M. Losada, Ediciones Universidad de Salamanca e Instituto Cervantes, Salamanca, 2022a, pp. 163-256.

—, «La traza cervantina en los libros de caballerías ingleses: *Moriomachia* (1613) y *Don Zara del Fogo* (1656)», *Anales cervantinos*, 54 (2022b), pp. 373-399.

Peery, William, «*The Curious Impertinent* in *Amends for Ladies*», *Hispanic Review*, 14.4 (1946), pp. 344-353.

Randall, Dale y Jackson C. Boswell, *Cervantes in Seventeenth-Century England. The Tapestry Turned*, Oxford University Press, Oxford, 2009.

Rosenbach, Abraham S. Wolf, «*The Curious Impertinent* in English Dramatic Literature before Shelton's Translation of *Don Quixote*», *Modern Language Notes*, 17.6 (1902), pp. 179-184.

Sánchez Martí, Jordi (ed.), *Los libros de caballerías en Inglaterra, 1578-1700*, Ediciones Universidad de Salamanca, Salamanca, 2020.

Serrano González, Raquel, «Jealousy and Male Anxiety: Articulations of Gender in "The Curious Impertinent" and *The Amorous Prince*», *The Grove. Working Papers on English Studies*, 23 (2016), pp. 145-159.

Snider, Alvin, «*The Curious Impertinent* on the Restoration Stage», *The Seventeenth Century*, 22 (2006), pp. 315-334.

Smith, John Harrington, *The Gay Couple in Restoration Comedy*, Octagon Books, Nueva York, 1971.

Staves, Susan, «A Few Kind Words for the Fop», *Studies in English Literature, 1500-1900*, 22.3 (1982), pp. 413-428.

Sutherland, James, *English Literature of the Late Seventeenth Century*, Clarendon Press, Oxford, 1969.

Tomé Rosales, Ángeles, «Behn's and Guillen de Castro's Adaptations of Miguel de Cervantes's "El curioso impertinente"», *Cervantes*, 30.2 (2010), pp. 149-169.

Van Lennep, William (ed.), *The London Stage, 1660-1800. Part 1: 1660-1700*, Southern Illinois University Press, Carbondale, 1965.

White, John Franklin, *John Crowne, His Life and Dramatic Works*, Western Reserve University Press, Cleveland, 1922.

Winstanley, William, *El paladín de Essex*, trad. M. Losada, Ediciones Universidad de Salamanca e Instituto Cervantes, Salamanca, 2022.

EL GALÁN CASADO, O EL CURIOSO IMPERTINENTE

AL MUY HONORABLE
LORD MARQUÉS DE NORMANBY,
CONDE DE MULGRAVE,
Caballero de la Muy Noble Orden de
la Jarretera, y miembro
del Muy Honorable Consejo Privado
de su Majestad, etc.

Habiéndome atrevido no hace mucho a dedicarle a su Señoría un despreciable poema mío, como poco iría contra la costumbre si le molestara de nuevo de este modo: pero en momentos de regocijo hay personas dadas a la extravagancia. El favor que recibe Su Señoría en la Corte y los pasos que da hacia el poder y la grandeza son considerados parte de la prosperidad pública por todos los que aman el honor y la felicidad de Inglaterra, pues muchos hombres discretos consideran que el público necesita la ayuda de talentos como el suyo.

Como inglés que soy y amante de mi patria, aunque ella no me haya mostrado demasiado amor, me alegro extraordinariamente de que no Su Señoría sino el Reino todo vaya camino de mejorar gracias a su favor en la Corte. Su Señoría no gana gran cosa con ello porque ya se encontraba en los primeros puestos de la humanidad no por poder y fortuna, sino por algo que los supera a ambos, su inteligencia y otras excelsas cualidades que son honras y grandezas que solo Dios puede conceder y que concede infrecuentemente para que tengan más valor. De modo que su nuevo nombramiento recibe más lustre gracias a Su Señoría que Usía recibe de él. Y Su Señoría que, como todos confiesan, tiene un dominio y una eminencia extraordinarios en una de las asambleas más ilustres de Europa, la Cámara de los Pares, no puede decirse que mejore al ser nombrado a un Consejo de categoría inferior, pero sí tenemos razones para pensar que los consejeros serán mejores gracias a Su Señoría.

Tengo otras razones particulares también para alegrarme tanto de la buena fortuna de Su Señoría en la Corte: abrigo alguna esperanza de que mi modesta fortuna mejore gracias a la suya, porque siempre he encontrado en Su Señoría aliento y apoyo. Su Señoría ha sido extraordinariamente generoso conmigo. Me concedió una magnífica recompensa por un poema sin importancia, sin duda para animarme a hacer algo mejor. He hablado a menudo de ello y quiero dejar constancia pública de ello aquí, en parte por gratitud y en parte, lo confieso, por vanidad. Me honran los favores de una tan graciosa, prudente, justa, severa y sabia persona como es Su Señoría. Muchos otros favores me ha hecho Su Señoría, que no fueron conseguidos mediante solicitudes e importunidades, que son las maneras groseras e irrespetuosas que suelen usar los hombres de mentes obcecadas para arrimarse a la fortuna. Es extraño, pero lo vemos a menudo, que muchos grandes hombres hagan más por quienes los incomodan, aunque pocas veces los complazcan, que por quienes los complacen y nunca los incomodan. Pero Su Señoría, si no me equivoco, no es de estos. Su Señoría no se deja influir voluntariamente por otra cosa que por el mérito. No infiero de ello que haya yo recibido lo que merecía, porque algunas veces hay efectos que tienen causas ocultas y a estos es a los que achaco mi buena fortuna por los favores de Su Señoría. Estoy seguro de que yo o cualquier otro que tenga cualidades que merezcan su patrocinio no dejará de recibirlos.

Me inclino a imaginar que Su Señoría cuidará especialmente del desvalido reino de la poesía, porque en ella vivió o más bien reinó Su Señoría durante un tiempo con gran esplendor; y con sus propios escritos se esforzó en cultivarla, adornarla e iluminarla con intención, sin duda, de que floreciera. Pero, desafortunadamente, ¡qué estéril y miserable se encuentra actualmente!: la luz de la Corte brilla tan escasamente sobre nosotros que me parece que vivimos como gente a la que le faltara el sol. Estamos apartados de todo comercio con posibilidades de lucro, como si fuéramos árabes salvajes que vivieran no para entretener a los hombres, sino para robarles. Voy a hablar como un necio, pero la opresión, nos dicen las Escrituras, enloquece a los sabios y si es así no es probable que haga sabios a los necios. ¡A cuántos reyes y reinas he tenido el honor de entretener y qué poco fruto he sacado de mis trabajos! Los que hacen reverencias, e incluso fuegos de artificio, en la Corte han tenido mejor fortuna que la que han conseguido hombres muy superiores a mí en la poesía con el noble fuego de sus escritos. No se me ocurre culpar de ello a los príncipes, pues tienen cuestiones más importantes en las que ocuparse que en nosotros y nunca he tenido yo buena memoria. Nunca he tenido el talento necesario para suplicar, insistir y esperar, como se requiere de quien espere buena fortuna en la Corte, pues me resulta ello siempre más pesado que cualquier desgracia que me ocurriera. Mi principal, quizás única, solicitud la he hecho a los príncipes imaginarios de mi propia creación, criaturas de mi propia musa, y mis recompensas han sido igualmente imaginarias y fantásticas. Pero me olvido de mi asunto, que no es quejarme sino alegrarme. Los músicos que hacen una serenata no deben tocar melodías tristes; y solo quienes están en duelo cuelgan pendones negros en la fachada de sus casas. Para expresar regocijo encendemos fuegos y luces. No tengo mucho fuego de fantasía, pero estoy seguro de tenerlo de celo y devoción a Su Señoría y dejemos que, puestos al frente de mi comedia, puedan servir de iluminación y de expresión de la alegría que me produce el aumento de honores y felicidades de Su Señoría. Porque son tantas y tan grandes las obligaciones que me ha concedido Su Señoría que aunque nunca recibiera ninguna más, estaría obligado a ser eternamente, Señor, vuestro más agradecido, fiel y humilde servidor, John Crowne.

EPÍSTOLA AL LECTOR

Perdóneme si le importuno con una pequeña reivindicación no de la obra, sino de mí mismo. No he sabido de muchas objeciones contra mi poesía, pero, y tiene más importancia para mí, me han dicho que algunas partes de mi comedia y algunas líneas del prólogo han hecho que se ponga en duda mi moralidad y mi afecto hacia el gobierno. Es extraño que nadie crea que el autor de *El fraile inglés* pretenda que los monjes y los curas católicos vuelvan a estar entre nosotros. Tan listos como están para perdonar los pecados no creo que estén muy dispuestos a perdonar ofensas contra ellos. ¿Puede acaso el autor de *Rémulo* ser amigo de la esclavitud, la traición y la relación con el enemigo extranjero? Dejemos que los que piensan así observen a los personajes que ahí se muestran como prueba adicional de su opinión. ¡Un joven estadista ambicioso y arbitrario; un clérigo perezoso, falso y lujurioso; un caballero corrupto, halagador y vano; un mercader traicionero y codicioso que comercia en secreto para su beneficio personal con un enemigo público! Si todos estos tipos de hombres están condenados en esa comedia y si fuera yo condenado por ello por los enemigos del gobierno, ¿qué condena no darán sus amigos y sus líderes a sus seguidores si lo hicieran y qué ataques si se abstuvieran de hacerlo o no se pronunciaran sobre ello? Difícil cuestión. Pero examinemos las expresiones sospechosas que han dado lugar a la mala interpretación.

Se dice al principio del prólogo: «Ojalá fuéramos tan sabios como graves; ojalá pudiéramos mostrar más sabiduría que la del desprecio ingenioso». Esto, dicen algunos, se aplica a quienes tienen autoridad. Nunca creí que el escenario fuera lugar de reunión de ningún magistrado, juez o persona de autoridad, más que de los llamados críticos. Pero si todo el Consejo Privado y

todo el Parlamento se encontrara ahí, ¿acaso muestro desafecto
alguno al Gobierno cuando deseo que todos los presentes sean
sabios? ¿Acaso se sigue que en cuanto un hombre es sabio es
un enemigo del Gobierno?, porque esta es la consecuencia de
esos razonamientos. Cuando examinan un escrito deberían
tenerlo más cerca de las narices.

En otro momento del prólogo se dice: «Estimen la poesía
por su propio beneficio, para no parecer a todas las naciones
bárbaros pictos escoceses y ser vencidos en guerra y en ingenio,
cuando antes brillamos en ello más que cualquier otra nación».
De aquí concluyen algunos que no soy amigo del Gobierno.
¿Cómo es posible que sea una muestra de desafecto al Gobierno
animar a los caballeros ingleses al honor y al valor? Que todas
las trompetas y tambores del Rey tengan entonces cuidado de
estar haciendo lo que no sospechan. ¿Dirá alguien que una
vez que los caballeros de Inglaterra tengan ingenio y bravura
dejarán de ser leales a los actuales poderes? Bien, ¡cuánto me
he engañado en mis asuntos! Nunca pensé que pudieran verse
bajo esa óptica. Me temía otra interpretación, la de parecer pi-
carescamente leal y censor de todos los caballeros de Inglaterra
que no van a la guerra, entremetiéndome con su honor. Pues
bien, ya que no consigo amigos, no me crearé enemigos. No
sé a cuántos caballeros les disgusta reconocerse como tales ni
tengo yo autoridad para preguntárselo, pero no creo que sea
la cobardía o la deslealtad lo que hace que se queden en casa.
Todo lo que pretendo es darles un humilde consejo y no reba-
jar la reputación de Inglaterra mostrando poca consideración
con el ingenio o con la guerra. Y con ello creo que mostré mi
afecto tanto al Gobierno como al Reino. Esto en cuanto a mi
lealtad. En cuanto a mi moralidad. En la comedia la virtud
de una señora es vencida por la tentación y conducida hacia
el libertinaje, pero poco después es ella misma quien vuelve y
confiesa su pecado. Esto quizás ofenda a algunas señoras, pero
es difícil saber si les ofende el pecado o les ofende confesarlo,
pareciéndoles lo segundo peor que lo primero. Si el pecado es lo

que les ofende, las señoras han descaminado a mi musa cuando yendo tan frecuentemente a ver parecidos asaltos y conquistas que son groseramente representados en otras comedias. Si hubieran sido más escrupulosas, mi musa lo habría sido también, porque les aseguro que escribí para complacerlas a ellas y no a mí mismo. Pero hay que tratar a las señoras con toda gentileza y respeto, de modo que no voy a aprovecharme de sus ejemplos para justificarme. Invocaré una autoridad más alta y más sagrada. ¿Qué dirían de tantas imágenes de libertinaje como hay en la Sagrada Biblia y en particular de la historia de la mujer adúltera? El sagrado y casto apóstol san Juan no piensa poner en peligro las leyes de la modestia cuando adorna su historia con más desnudeces que yo, porque dice que la mujer fue sorprendida no en el hecho, el crimen o el pecado, sino en el acto mismo. Ni en los tribunales episcopales se usan expresiones más directas que esta cuando quieren probar indudablemente este tipo de transgresiones. Me atrevería a decir que la pecadora del evangelio no consigue una mejor imagen que la que yo presento. La adúltera judía es todo mácula, su pecado queda al descubierto y su penitencia silenciada; no sabemos nada de ella. En mi comedia la señora peca una vez y se arrepiente a menudo. La judía es perdonada, por lo menos indultada, mientras que la mía es severamente castigada por su amante y su rival, e incluso propia criada, hasta que se cansa de su pecado y lo abandona totalmente. Pensé que las meditaciones de las señoras pasarían rápidamente sobre la parte pecaminosa y se detendrían más en las penitenciales. Muy al contrario, muchas señoras se han detenido en la parte pecaminosa, donde van y vienen sin que pueda yo disuadirlas de esa postura. Bien, dejémoslas estar, no voy a ser tan descortés que incomode a unas señoras, especialmente cuando mi obra es apreciada por otras señoras de intachable reputación, tan escrupulosamente virtuosas y modestas como mis queridas enemigas puedan serlo. Así que dejaré a las señoras que disputen la cuestión y me mantendré imparcial amando y honrando de todo corazón ambas partes.

PRÓLOGO

En este severo tiempo que desprecia la poesía
que Roma y Atenas apreciaban más que las riquezas,
ojalá fuéramos todos tan sabios como severos, ojalá pudiéramos tener
más señales de sabiduría que las del simple ingenio desdeñoso.
Algunos galanes fanfarrones se burlan de la poesía
porque no produce riqueza que alimente el vano orgullo.
Aunque una bolsa vacía sea una pesada carga,
déjenme que les diga que son peores las cabezas huecas
y que muchos galanes de hinchada apariencia
no deben su grandeza más que al tamaño de su peluca,
cubriendo su poco ingenio con un sombrero de ancha ala.
¡Ah, qué necia apariencia es esta!
El ingenio tiene en sí mismo suficientes ornamentos,
de la poesía cobran los laureles su lustre.
No vemos que se honre a los tontos en público.
¿Quién se fija en una cabeza de madera en una letrina?
Estimad la poesía por su propio beneficio
para no parecer bárbaros a todas las naciones
y no caer vencidos en el campo del ingenio y en el de la guerra
en el que antaño brillábamos más que todas las naciones.
Ahogáis la noble rabia de los poetas,
pero esperáis a oráculos en el escenario.
Sufren peor esclavitud que la de los egipcios,
apenas pueden procurarse ajos y cebollas.
Para hacerles trabajar les dais material
porque en vuestra locura creéis que tienen ya suficiente paja.
Señores, es buen oficio este modo de inocua
poesía para alimentar a los buenos ingenios.
Esta corriente de ingenio que aquí tan suavemente fluye,
cuando es desviada con pícaros manejos, puede triturarles el espíritu.
Los poetas son esclavos; los sacerdotes los han esclavizado a ustedes.
Si hubieran sido poetas, ah, ¿qué no se hubieran ahorrado?

Las dinámicas imágenes que muestran los poetas
son mejores libros laicos que los de piedra.
El ingenio somete aquí al desdén a necios y a pícaros,
en otros lugares conspira para hacerlos a ustedes necios y esclavos.
Aquí encontrarán ingenio a poco precio, pero en gran cantidad.
En otro lugar tendrán que comprarlo y lo conseguirán demasiado
    tarde frecuentemente.
Del escenario sacarán placer y provecho,
así que no dejen que las musas les canten en vano
y muestren a esta musa un respeto amable,
pues a menudo les ha complacido sin recompensa alguna.

REPARTO

SEÑOR LOVELY — Un galán recientemente casado. No carece de ingenio, pero le sobra afectación. Se cree muy apuesto y desea que así lo consideren todas las damas y especialmente su esposa.

POLIDOR — Un caballero de ingenio y fortuna, muy estimado por Lovely y de su entera confianza.

THORNEBACK — Petimetre ya entrado en años, atrevido, libertino, engreído e ingenioso, que se cree merecedor de la admiración de toda dama hermosa y galantea a todas las que conoce.

SIR JOHN SHITTLECOCK — Joven petimetre enamoradizo, caprichoso, necio y atolondrado que se enamora de todas las damas que encuentra y que no se mantiene firme en su opinión un solo minuto.

SEÑORA LOVELY — Esposa de Lovely. Una coqueta ingeniosa y bella a la que le encanta ser cortejada y admirada, sin pasar a mayores. Muy orgullosa, considera importante el honor.

CECILIA — Hermana de la señora Lovely, joven doncella hermosa y necia.

CAMILA — Joven dama bella, virtuosa, devota y discreta, de escasa fortuna.

LIONEL — Dama de compañía de la señora Lovely. Joven, hermosa y apasionada, solo desea encontrar esposo.

ACTO I

LA ESCENA EN COVENT GARDEN

Entra por un lado Lovely
mirándose la ropa, por otro, Polidor.

Polidor ¿Qué veo? ¿Qué galán es este de tan engalanado plumaje que se cierne sobre esta iglesia como un halcón sobre un matorral poblado de pájaros? Y justamente ahora que la iglesia está rebosante de hermosas mujeres. ¿Qué hace este petimetre a la vera de la iglesia? ¡Oh!, ahora se vuelve hacia aquí. Es mi amigo, siempre admirándose a sí mismo, el gran galán recién desposado, el apuesto Lovely. Eso piensa él de sí mismo y aprecia este sencillo elogio más que cualquier honor. La verdad es que sí es agraciado, sin duda. Cuando, ¡maldita sea!, no es tan apuesto y agradable por tanta presunción. ¡Qué lástima! Tiene muchas cualidades excelentes: es muy honrado, valiente y de buen carácter; no deja de tener conocimientos de otras materias también; es amistoso con todo el mundo; y parece tenerme cierta apasionada afición, cosa que me enternece. ¡Oh! ¿Me ha visto?

Lovely Querido Polidor, ¡déjeme que le abrace! Dios mío, la verdad es que le adoro, le quiero por encima de todas las cosas, exceptuando a las mujeres. No, caray, más que a todas las mujeres salvo a mi esposa.

Polidor ¡Mi muy querido Lovely! Esa es una falta en usted. La naturaleza le ha hecho a usted para deleitar a las mujeres. Le ha dado mil y una gracias y encantos.

Lovely ¡Señor mío! A su servicio, señor, su humilde servidor. ¿Se burla usted de su amigo?

Polidor Vamos, vamos, sabe usted que es verdad. ¿Defraudaría usted a la naturaleza no repartiendo entre las damas las riquezas para cuyo dulce servicio le fueron otorgadas?

Lovely ¡Oh, no me disguste, por Dios! ¡Me está usted enojando!

Polidor *(Aparte).* Estas lisonjas le agradan tanto que si fuera delgado engordaría inmediatamente con ellas. ¡Miren, miren cómo se hincha! Seguiré mortificándole.

No, Lovely, si cree que son demasiados elogios, puedo retirar algunos para que se sienta mejor. Diantre, efectivamente no es usted tan apuesto como era antes de casarse.

Lovely No, estoy ahora como siempre estuve, mejor incluso, creo yo.

Polidor *(Aparte).* Sí, en su opinión seguro que lo está de sobra. Ya sabía yo que no iba a rechazar los elogios, sino a elogiarse a sí mismo si no lo hacía yo.

No, está usted muy bien, su aspecto triunfa en la ciudad vaya usted donde vaya, tiene a todas las mujeres ganadas.

Lovely Vaya, es usted el hombre más agradable del mundo. Le quiero en el alma. ¡Déjeme abrazarle, querido granuja!

Polidor *(Aparte).* ¿O sea que me he ganado un abrazo? ¡Maldita sea mi locura!

De todo corazón.

Lovely y Polidor se abrazan.

Lovely Pues sí, aquí tenemos dos buenas caras, aunque me esté mal decirlo.

POLIDOR *(Aparte).* Ojalá estas dos buenas caras se correspondieran con dos buenas cabezas. Así pago yo el castigo de la amistad de un necio. Uno no puede ser impertinente sin pagar un precio.

Bien, Lovely, ¿cómo va su vida de casado? Estoy seguro de que su esposa se siente feliz.

LOVELY ¿Seguro, dice? ¿Se lo ha dicho ella a usted alguna vez?

POLIDOR No, no, pero estoy seguro de que le gusta usted.

LOVELY Ah, ¿eso es todo? Me encumbra usted a los cielos y luego me deja caer en tierra. Debe usted saber, Polidor, que tengo a mi esposa por lo más alto y glorioso de la creación. Y poseerla es la mayor felicidad a la que puede acceder una criatura.

POLIDOR Entonces está usted en el verdadero pináculo de la felicidad.

LOVELY ¡Ojala fuera así! Tengo siempre a mi disposición los dulces brazos de mi esposa y sus rosados y suaves labios. Pero hay algo que deseo más aún. ¿De qué cree usted que se trata?

POLIDOR ¡Al diablo con usted! ¿Qué clase de pregunta es esa? ¿De qué se trata? ¿Qué desea usted más que ninguna otra cosa?

LOVELY ¡Su espíritu, su espíritu! Ser admirado por ella. Señor, ser admirado por una mujer buena va más allá, mucho más allá de los placeres que pueda procurar su cuerpo. Prefiero que una mujer buena me admire y me niegue su cuerpo eternamente que gozar su cuerpo cincuenta veces por noche sin que me admire una sola vez. ¡Cielos! ¿Qué no daría yo por que esta maravilla de mujer me creyera a mí una maravilla de hombre? ¡Que mi piel exhalara un dulce aroma, como dicen que ocurría con Alejandro! Y que…

POLIDOR Y que su sudor fuera ambrosía.

LOVELY Así es. Y que mis ojos...

POLIDOR Fueran cristales ardientes que hicieran arder su corazón cuando se acerca a usted.

LOVELY Bueno, está de broma, amigo, pero lo digo en scrio. Daría a manos llenas porque mi esposa sintiera eso conmigo, y más todavía, si pudiera saber que así lo sentía.

POLIDOR ¡Ah! Ahí está la dificultad. He oído hablar de tubos para poder ver la luna, pero no de un instrumento para conocer el pensamiento.

LOVELY Sí, hay maneras de escudriñar en los pensamientos y he inventado uno para rebuscar en su pecho. Cuando se lo diga le va a parecer una locura. No se lo diría más que a un amigo, oh, Polidor. Y le ruego, le conjuro, por el amor que me tiene y que yo le tengo a usted, a que corteje apasionadamente a mi esposa.

POLIDOR ¿Cortejar a su esposa? Déjeme que le observe.

LOVELY No, deténgase un momento antes de tenerme por loco. Así descubriría todos los secretos de su corazón. Si se entrega a usted, revelaría quién es en realidad.

POLIDOR (Aparte). Pero también revelaría quién soy yo mismo, necio.

LOVELY Si se le resiste, como estoy seguro de que hará, le dirá por qué lo hace, por razones de honor y de religión o por el alto concepto que tiene de mí. Si no tengo más fuerza sobre su corazón que la que la Iglesia me dio en el matrimonio, no la consideraré más que un alquiler religioso y no podré apreciarla. Pero si le dice: «Por favor, señor Polidor, no me moleste usted más, señor. Estoy perfectamente emparejada. En mi opinión ningún hombre es mejor que mi marido, me horroriza mirar a otro hombre». Si le dice eso y usted me lo dice a mí, me dará más placer que si pusiera a mis pies las riquezas de las dos Indias.

POLIDOR *(Aparte)*. ¿Será tan necio como parece? ¿O cree que lo soy yo y quiere gastarme una broma? No me importa lo que quiera decir. Me irrita. El honor me obliga a hacer todo lo que pueda por ponerle unos cuernos en su cresta de gallo, vengarme y hacer un ejemplo con él.

Lovely, le prometo que intentaré ganarme a su esposa.

LOVELY Muchas gracias, querido Polidor, mil veces gracias.

POLIDOR Y dígame, por favor, ¿dónde se encuentra ahora?

LOVELY Allá, rezando, consagrando de nuevo con sus devociones la Iglesia que profanan los ociosos petimetres. Ella es la rosa oriental y naciente ante la que toda la Iglesia se inclina.

Entran varias MUJERES *de vuelta de sus rezos.*

¡Ah, ya acabaron los rezos!

POLIDOR Sí, levanta el campo el bello ejército femenino que dice estar en guerra contra el pecado. Se dispersan ahora: el pecado se va a adueñar de ellas.

Las MUJERES *se ponen sus máscaras.*

LOVELY Me irrita su enmascaramiento. Prefiero que una mujer me robe la bolsa a que me robe su cara. ¿Qué pretenden con ello? ¿Les avergüenza haber estado rezando?

POLIDOR Algunas de ellas se enmascaran sin duda para ser mejor galanteadas, abjurando de la Iglesia y confesando una fe distinta. Cuando llevan un tiempo encaramadas en el cielo, pueden ser capturadas y caer más fácilmente. ¿En los cielos, he dicho? Sus oraciones no las enaltecen por encima de sus tocados y sus pelucas. Y no es poca altura, no, tal como se alzan estas.

Entra la SEÑORA LOVELY, *seguida de unos*
CABALLEROS *que susurran, la miran y la saludan.*

LOVELY ¡Ah! Aquí está mi esposa. ¿Ve usted? No es poca cosa.
Hace que el jardín se incline a su paso al mismo tiempo
que lo hacen los galanes. Si admitiera habitantes, mi lecho
sería un lugar muy poblado. Venga, ¡adelante! Me acercaré
a ella con frialdad, con orgullo. ¿Se da cuenta de cómo se
inquieta? Porque esta es una manera sutil de probar a una
mujer. *(A la* SEÑORA LOVELY*).* ¡Ah! ¿Mi esposa? Una esposa
es un asunto muy aburrido.

Venga, Polidor, vamos a atender a estas hermosas mujeres.
Mi esposa no es una de ellas, en mi opinión, al menos. Me
casé con ella por su inteligencia y ese es, creo, su mejor rasgo.

SEÑORA LOVELY *(Aparte).* ¿Por mi inteligencia? Odio a un hombre que me aprecia por mi inteligencia.

¿Es mi inteligencia mi mejor cualidad? Dígame, se lo ruego,
reconoce usted la inteligencia cuando la ve? Me temo que
no. Me inclino a creer que la inteligencia no es su mejor
cualidad.

LOVELY ¿Cuál es según usted mi mejor cualidad?

SEÑORA LOVELY No lo puedo saber. Nunca he profundizado en
usted. Lo he considerado siempre a bulto.

LOVELY *(Aparte).* ¿Cómo *a bulto*? Esa es una expresión des-
pectiva. ¿Soy yo acaso un objeto para merecer esa palabra?
Según eso deberían llevarme en una carretilla.

¿Qué quiere usted decir *a bulto*, mi buena señora Lovely?
Un bulto es una cosa basta, informe, o muchas cosas
amontonadas sin orden alguno. ¿Soy yo acaso ese grosero
montón? En mi opinión, estoy ensamblado casi tan bien
como su propia bella persona, mi buena señora. ¡Un bulto,
mi buena señora! ¿Por qué soy un bulto?

SEÑORA LOVELY ¡Ah! Parece que se le atraganta ese desagradable bulto en el estómago.

LOVELY *(Aparte a POLIDOR).* El cumplido no es agradable. Me ha enfadado con esta afrentosa palabra. Pero creo que no es sincera. Es su venganza por tratarla desatentamente. Lo cual indica que le importa mi estima. Ahora que lo pienso, me gusta su enfado. Me lanzaré a fondo con ella. Polidor, le voy a poner en juego con ella. Le voy a decir que está usted enamorado de ella.

POLIDOR *(Aparte a LOVELY).* Hágalo, hágalo.

LOVELY Pues, señora, no se entristezca por falta de amor. Aquí tiene a un caballero que la admira.

SEÑORA LOVELY ¿Me admira usted? ¿De verdad? ¡Me alegra mucho saberlo! Porque estoy segura de ser yo también su mayor admiradora y de haberlo sido desde el primer momento que le vi.

(Aparte). Si lo creyera, señor, me envanecería.

Pero no es usted sincero, señor, porque si lo fuera, ¿cómo es que no le vemos más a menudo?

POLIDOR No me gusta hacer el papel del diablo, vivir entre llamas y ver a otro en un dulce regazo en el que, se lo juro, estaría yo más a gusto que en el de Abraham.

SEÑORA LOVELY ¡Ah! Señor Lovely, le va a gustar que elogien su conducta en el matrimonio. Todos los hombres desean que se los crea sabios y felices, así que debe darle las gracias a su amigo por sus palabras. Y si con ellas me sube en su estima, también yo le daré las gracias.

LOVELY Dios mío, qué bien dicho está eso. Es usted una excelente mujer y la quiero mucho. Lo que dije antes no salía de mi corazón. Era solo una broma.

SEÑORA LOVELY Ya me lo parecía a mí.

POLIDOR *(Aparte a LOVELY).* ¿Se acabó entonces nuestra trama?

LOVELY *(Aparte a POLIDOR).* No, todavía no.

POLIDOR *(Aparte a LOVELY).* Pues sí, se acabó porque me doy cuenta de que ya estoy enamorado de una joven y piadosa belleza que no me arriesgaría a perder por diez esposas como la suya. Y si oye que soy tan falso y tan lúbrico que me atrevo a deshonrar a la esposa de mi amigo, me rehuirá y me temerá como si fuera el demonio.

LOVELY *(Aparte a POLIDOR).* No se enterará, pero si lo hace, le quiere tanto que no creerá nada malo de usted.

POLIDOR *(Aparte a LOVELY).* Eso me dicen, pero no puedo creerlo.

LOVELY Bien, ¿dónde está esa mujer suya?

SEÑORA LOVELY ¿Cómo? ¿No estaba aquí conmigo?

Entra THORNEBACK con LIONEL.

LOVELY ¡Mira, la acompaña el viejo y deforme Tom Thorneback! Me dicen que a las mujeres les gusta este repugnante ser.

POLIDOR ¿Quién le dice eso?

LOVELY Me lo dice él mismo.

POLIDOR Ya, eso es lo que pensaba. Nadie más lo diría.

LOVELY He visto a muchas mujeres encantadas con él.

POLIDOR Sí, fulanas, para sacarle dinero. O mujeres normales para reírse de él, aunque su presunción le hace creer que lo hacen en serio.

SEÑORA LOVELY ¿O sea que él las corteja seriamente?

POLIDOR Totalmente en serio.

SEÑORA LOVELY ¡Qué ridículo! ¿Y creen que pueden amar a este monstruo?

POLIDOR Así es, y creen adorarlo en serio.

SEÑORA LOVELY Imposible. Debe de tener algo de ingenio.

POLIDOR El ingenio puro no existe, como no existen los elementos puros, y los hombres de ingenio llegan a creer cosas increíbles. Mire, si no, las extrañas religiones del mundo, aceptadas por hombres de no poco ingenio y sabiduría. Como piensan algunos grandes filósofos, el aire está lleno de espíritus y de fantasmas. Así que muchos ingenios tan mal parecidos como él creen algo tan extraño como que ellos mismos no son unos simples fantasmas.

SEÑORA LOVELY Si pensara que es tan gran necio, le seguiría la corriente, porque me corteja.

POLIDOR Señora, no puede mostrarle más cariño del que él cree ya que le tiene.

SEÑORA LOVELY Entonces nos vamos a divertir.

LIONEL Basta, querido señor. Le ruego que me permita irme ahora.

THORNEBACK ¿Y no puede amar a alguien de edad como yo?

LIONEL ¡Uf, no aguanto a los jóvenes!

THORNEBACK Dios mío, es usted una moza ingeniosa y de buen juicio. La quiero tanto como no me quiere usted a mí. Yo no engaño a las mujeres.

LIONEL No, no, le engañan a usted.

(*Aparte*). Y eso espero hacer yo misma, a pesar de sus artes.

THORNEBACK *(Aparte a* LIONEL). Confieso que tengo que engañar a su señora para poder cortejarla haciendo como que
la cortejo a usted. Lo siento.

(Aparte). Me parece agradable y por Dios que no puedo
aceptar engañar a una señora.

LOVELY ¡Hola, Tom! ¿Robándome el ajuar doméstico?

SEÑORA LOVELY Oh, señor Thorneback, ¿me está usted min-
tiendo? Creí que era usted mi platónico enamorado.

THORNEBACK *(Aparte).* ¡Maldita sea! ¿Cómo se atreve delante
de su marido?

Señora, ¿su amor platónico? Desde luego que sí.

LOVELY ¿Cómo, Tom? ¿Corteja usted a mi criada y a mi esposa?
Empieza usted demasiado tarde para tan gran empresa.
Me parece que su reloj ha dado ya los cincuenta y cinco y
está perdiendo cuerda. ¿Querría casarse con él, Lionel, si
la aceptara? ¿Qué haría usted con él?

LIONEL Señor, me esforzaría en darle cuerda a su reloj.

THORNEBACK *(Aparte).* ¡Insultante jovenzuelo descarado! Voy
a ponerle en su sitio.

La verdad, señor, confieso que estoy en una edad en la que
la naturaleza obliga a la mayoría de los hombres a abandonar las prácticas amatorias. Los coloca por encima de ese
rasero. Y la verdad es que he abandonado esas prácticas en
público y solo las llevo a cabo en privado. Mas no prácticas
financieras de propiedades a herederos y de herederos a
propiedades. Lo que sí puedo es convertir a un bastardo
en un cornudo y, si su esposa me ayuda, podría gozar de
un tercio de ella.

LOVELY ¡Cornudo! No puede usted dirigirme ese afrentoso
nombre.

THORNEBACK ¿Cómo que no, señor? Me dice usted que tengo cincuenta y cinco años, edad suficiente para ser su padrino y bautizarle con cualquier nombre.

LOVELY *(Aparte)*. Tiene la lengua afilada este individuo.

Venga, Tom, creo que juega usted mejor a los bolos y a los naipes que al amor. Deje de jugar a juegos de amor, Tom.

THORNEBACK No, nunca, señor, mientras tenga oportunidades en juego.

POLIDOR Ahora veo, Tom, por qué frecuenta usted la iglesia. Me sorprendía verle tan piadoso.

THORNEBACK Usted y yo, como la mayoría de los hombres, vamos a la iglesia como hacen los perros, tras nuestras mujeres.

LOVELY Y como los chuchos nunca consigue usted un hueso hasta que no está limpio.

THORNEBACK La verdad, señor, les saco tanta buena carne como usted, porque tengo una virtud que resulta muy útil en cualquier lugar: la desvergüenza. Es usted un hombre afeminado. Espera que las mujeres le cortejen. Cree usted que sus atractivos pueden atraparlas como en un torbellino. No, señor, las mujeres no caen en esos torbellinos. Y el grandullón solamente se chupa el dedo.

LOVELY *(Aparte)*. Es listo el sinvergüenza. Me desharé de él.

¡Ah, Polidor! Aquí viene su devota belleza.

Entra CAMILA

SEÑORA LOVELY *(La señora Lovely abraza a Camila)*. ¡Dulce criatura! ¿Dónde has estado estos siete años? Porque cada hora que nos separa me parece un año.

CAMILA No me he sentido bien.

SEÑORA LOVELY ¿Cómo podía estar yo bien entonces? Me hubiera sentido mal solo con saber que lo estabas tú. ¿Dónde está mi hermana, Sistly?

LIONEL En la iglesia, señora.

SEÑORA LOVELY ¡En la iglesia! ¿Qué hace ahí? Ya acabó la hora del rezo.

LIONEL Pero no las bendiciones, señora, mientras sigan allí los jóvenes galanes.

SEÑORA LOVELY ¿Entonces usted piensa que las están bendiciendo? Vamos, deje de cotillear.

LOVELY Mire, mire. Está con un joven galán. ¿Quién es?

Entran SIR JOHN SHITTLECOCK *y* CECILIA.

THORNEBACK Es un tal sir John Shittlecock. Un joven petimetre necio, atolondrado y amoroso, que se enamora de cualquier cara nueva que ve.

POLIDOR Estos petimetres huecos son la fruta de Covent Garden y crecen entre las paredes de la iglesia.

LOVELY Sí, pero caen muy a menudo en los regazos de las señoras.

POLIDOR Yo haría que las alcahuetas los trajeran en cestos a la iglesia como traen frutas al parque.

SIR JOHN Y, señora, ¿leyó usted el billete que le dejé?

CECILIA Lo leí cuando me arrodillé para rezar. Soy una mala persona. ¡Maldita sea!

SIR JOHN ¡Mi querido, querido corazón!

CECILIA No se dirija usted a mí en público, por favor, que si me ven quedo deshonrada.

SIR JOHN ¿Querida, no estaría usted dispuesta a deshonrarse por mí? Yo estoy dispuesto a deshonrarme por usted de todo corazón. Y quedaré deshonrado si me caso sin el consentimiento de mi amigo.

CECILIA Y yo también.

SIR JOHN ¿Y no lo haría usted?

CECILIA Quizás sí.

SIR JOHN Dios mío, seríamos la envidia del mundo.

CECILIA Váyase, váyase, márchese, márchese, que me ve mi hermana.

SIR JOHN ¿Tiene usted una hermana, señora, quién es?

CECILIA Esa, la que mira hacia aquí.

SIR JOHN *(Aparte).* ¡Qué magnífica belleza! Caray, más bella que esta, mil veces. Maldita sea, nunca más atenderé a mi amada.

CECILIA ¡Dios mío! Viene mi hermano. Me va a regañar.

LOVELY Señor, está usted hablando con esta joven señorita.

SIR JOHN Entiendo que es su hermana, señor.

LOVELY Sí, ¿puedo saber su nombre y de qué trata con ella?

SIR JOHN Sí, señor. Mi nombre es sir John Shittlecock. Mi familia es una gran familia. Hay grandes personas entre los Shittlecocks. Y trato con ella de amores honrados. Señor, son ustedes una bella familia. Me alegraría formar parte de ella. Si esta joven señorita está dispuesta, señor, me enorgullecería de ella.

Lovely Discúlpeme, señor. Es mi esposa.

Sir John Le ruego que me disculpe, señor. Su humilde servidor. *(Se vuelve hacia Camila).* ¡Oh, es la más bella criatura del mundo! Y una a la que he visto durante la hora de rezos miles de veces. Con eso basta para que me conozca. Hablaré con ella.

(A Camila). Señora, soy su muy humilde servidor.

Polidor Señor, ¿tiene usted algún asunto que tratar con esta señora?

Sir John ¿Por qué, señor?

Polidor Porque yo sí lo tengo.

Sir John No tengo suerte. Bien, señor, su humilde servidor.

(Aparte). Está antes que yo y no cometeré falta alguna. ¡Cielos! He aquí una bella dama de compañía, mil veces más hermosa que todas las demás.

(A Lionel). ¡Querida mía!

Thorneback No se porte tan familiarmente, Shittlecock, que tengo yo cierto interés en ella.

Sir John ¿Qué? ¡Maldición! Todas estas mujeres están comprometidas. ¿Por qué no les pondrán señales a sus mujeres para que uno las reconozca?

Lovely Ven. ¿Vamos a casa? Servidor de ustedes, señores.

Sir John Su humilde servidor, señor. Dios mío, ¿quiénes son todas estas hermosas damas? Estoy loco por todas ellas. Vamos a la taberna y brindemos por ellas y hablemos de ellas, querido Tom.

Thorneback Bien, aguantaré sus necedades allí un minuto.

Salen Thorneback y Shittlecock.

LOVELY *(A CAMILA).* ¿Señora, ¿podemos disfrutar de vuestra compañía?

CAMILA Perdóneme, señor, estoy comprometida.

(A la SEÑORA LOVELY*).* Su servidora, señora.

SEÑORA LOVELY Oh, servidora suya, querida.

LOVELY Vamos, Polidor.

POLIDOR Estaré con usted inmediatamente.

Salen LOVELY, la SEÑORA LOVELY, *CECILIA y LIONEL.*

Solo una palabra con esta bella señora. ¿Señora, me permite que le haga compañía?

CAMILA De ningún modo, señor. Tengo aquí un criado.

POLIDOR Ninguno tendrá tanto gusto en acompañarla como yo.

CAMILA Señor, le ruego que se evite la molestia.

POLIDOR ¡Molestia el gustar de la conversación de alguien tan bello de cuerpo y de alma! Se merecen uno a otra. No pretendo merecer tanta felicidad como ahora le pido, si el amor no tiene premio.

CAMILA ¿Amor, señor? Creo que esa palabra, que ustedes los galanes usan tanto con todas las señoras, carece de sentido.

(Aparte). Me han traicionado. Le han dicho que amo y por eso habla de amor. Y si me quedo me traicionaré a mí misma. ¡Qué vergüenza! ¡Estoy temblando!

Bien, señor, su servidora.

POLIDOR Por favor, señora, permítame.

CAMILA Oh, de ningún modo. Estoy muy cerca de mi domicilio.

POLIDOR No, señora. Está usted a millones de millas de ese sitio porque su religioso corazón vive en el cielo. Es usted la única santa de Covent Garden, la única joven y hermosa dama que viene a rezar. Las demás vienen a por sus amantes o a por sus maridos.

CAMILA Sí, eso es lo que todos ustedes los galanes imaginan. Piensan que tienen más atractivos de los que tienen y nosotras menos virtud y devoción de las que espero que nos encuentren cuando vayamos al juicio final.

POLIDOR Todo el mundo sabe que es usted una santa y que, lejos de entregarse fácilmente, rehúsa usted su presencia a un mundo insatisfecho. No sale usted de casa más que para ir a rezar y siempre con el velo sobre la cara, escondiendo una belleza por la que mueren miles. La he observado y se me han alegrado los ojos viéndola con toda la impaciencia de un enfermo con fiebre por ver la mañana después de una mala noche, y pocas veces he recibido de usted un tan pequeño favor. Hable usted con los ángeles cuando se encuentre en el cielo, pero mientras esté en la tierra permita alguna esperanza a los mortales.

CAMILA ¿Esperanza de mí, señor? Me encuentro por debajo de su esperanza. Mi fortuna es escasa.

POLIDOR Lo siento mucho.

(Aparte). Teniendo usted tanta abundancia de virtud.

CAMILA Sé que es usted demasiado inteligente para alimentar esperanzas sobre mí. Este elogio es solo un acto de caridad suyo a una doncella que usted cree pobre, sin consuelo y sin esperanza. No lo soy, señor.

POLIDOR No, señora, no. Puede usted tener lo que quiera.

CAMILA Ya lo tengo, señor. Tengo todo lo que deseo. Pero le agradezco su buena intención y quedo su servidora.

Polidor *(Aparte)*. ¡Una encantadora criatura!

No puedo dejarla. No, señora, quédese.

Camila Le ruego que no me retenga así en público, señor.

Polidor Nos apartaremos entonces a algún lugar privado.

Camila Nunca hablo con un hombre en privado.

Polidor ¿Cómo? ¿No habla usted ni en público ni en privado?

Camila No con los de su género, a menos que tengamos algún asunto pendiente.

Polidor Señora, tengo gran cantidad de asuntos pendientes con usted.

Camila Ya los ha despachado usted todos. Ya ha acabado usted conmigo.

Polidor No, tengo todavía mucho que decir.

Camila ¿Qué diría usted?

Polidor Pues, señora...

(Aparte). ¡Por Dios! No sé qué decir. Me horroriza atarme en matrimonio...

No tengo tiempo para decirle ni la mitad de mis pensamientos.

Camila No, señor, guárdeselos para sí porque no puedo quedarme más tiempo.

Polidor ¿Debe usted marcharse y dejarme aquí sufriendo? Por favor, señora, lléveme en sus pensamientos ya que no puedo ir con usted de ninguna otra manera. ¡Concédame este favor!

Camila Bueno, quizás lo haga.

Salen cada uno por su parte.

ACTO II

ESCENA, LA CASA DE *LOVELY*

Entran Lovely *y* Polidor *por distintas puertas.*

Lovely Hola, bienvenido, querido Polidor. Déjeme que le conduzca hasta mi otro amor, mi encantadora esposa.

Polidor No voy a cortejarla. Amo a Camila tanto como usted ama a su encantadora esposa. Y si cortejara a su esposa, ¿cuál sería mi suerte con la bella Camila?

Lionel No querrá oír hablar de ello.

Polidor Se lo contará su esposa. No hay mujer que sepa contener la lengua.

Lovely Bueno, si ella quisiera presumir de ello vanidosamente. Puede convencer a Camila para que le crea. Pero si perdiera a Camila, ¿qué perdería usted? Lo que usted menos valora, el alma de una bella señora, porque sé que no conseguirá usted nunca su cuerpo. No es dada a estas corrupciones. Le han ofrecido más dinero del necesario para comprar diez ciudades. Dios mío, no hay guarnición en Europa mejor defendida que ella. Es a prueba de dinero. Nunca será suya deshonrosamente y estoy seguro de que nunca se casaría usted con ella.

Polidor ¿Cómo sabe usted eso?

Lovely Porque carece de fortuna. Pero si le apetece, no deje de intentarlo, aunque debería cortejar a mi esposa también porque cuando abandone a mi esposa por ella, convertirá a mi esposa en una víctima y a ella en una diosa. Puede que haya cierto peligro en ello, pero ¿no lo correría usted por un amigo? Yo he arriesgado mi vida por usted más de una vez.

POLIDOR Pero no en una causa tan necia como esta. No le hice luchar para que fuera usted admirado, aunque quizás tuviera usted esa sabia intención.

LOVELY Bien, señor, quizás la tuviera. Si fue una necedad, por Dios, hasta los hombres más nobles son entonces unos necios. ¿No se visten los galanes para ser admirados? ¿No van a los parques y al teatro para ser admirados? ¿No escriben los ingenios y los sabios para ser admirados? ¿No luchan y mueren los héroes para ser admirados? ¿Y no se empeñan los reyes en peligrosas guerras para ser admirados? ¿Considera usted a todos ellos necios?

POLIDOR Está bien, en cualquier caso me interesa tanto Camila que no quiero ver a ninguna otra mujer. Pardiez, estaría pensando tanto en Camila que no podría decirle más que necedades a su esposa.

LOVELY Mejor que mejor, hombre. Creerá que ha perdido el ingenio, que está usted extasiado de amor. ¿Acaso no admiran las mujeres a diario necedades en las comedias y creen que se trata de cuestiones excelsas? Elógiela, sin duda, que si se porta usted como un insensato no dejará de seguirle la corriente. Ensalce todas sus cualidades por encima de los cielos.

POLIDOR ¡Maldita sea! Y ¿qué debo hacer con ellas en el cielo?

LOVELY Elógielas desmesuradamente. No tema ningún exceso. Sensato o insensato, todo será aceptado. No es posible darle a ninguna mujer más elogios de los que sea capaz de aceptar y de digerir. Están acostumbradas a ello como los turcos lo están al opio. Se administran a sí mismas abundantes cantidades hora tras hora y lo que entontecería y mataría a otro, solo las hace sentirse más rozagantes y más vivas.

POLIDOR Esto es lo que tengo que hacer para saber si le admira. ¿No le basta con ser dueño de su cuerpo?

LOVELY ¿Prefiere usted rebajarse ante una mujer? Elévese en el aire, hombre, y parecerá más dulce y más limpio.

POLIDOR Me inclino a rebuscar donde se encuentra más tesoro, ahí se inclinará mi varita mágica, y venga lo que venga.

LOVELY Aunque tengo a una belleza encantadora entre mis brazos, no puedo disfrutar completamente de ella a menos de saber que sus favores nacen del amor que me tiene.

POLIDOR Pues yo me porto con las mujeres como me porto con los relojes. Dejo que hagan lo que deben y no me preocupo de su mecanismo interno. De acuerdo, si me obliga a atacar a su esposa, pardiez, se lo digo francamente, si se entrega a mí, le pondré los cuernos. No me diga luego que no le advertí.

LOVELY Sé por mí mismo que esa acción le parece desdeñable. Ningún hombre caballeroso es capaz de hacer el papel de un bribón. Pero si lo intentara usted, señor, será ella quien se lo impida. Sus peligrosos atractivos no serán capaces de vencerla. No, señor, no tiene usted tanta fuerza.

POLIDOR Usted la rindió.

LOVELY Se equivoca, usted, señor. Quien corrompe a una buena mujer, la conquista. Pero si una belleza le hace casarse con ella, válgame Dios, es ella quien le conquista.

POLIDOR Eso es cierto.

LOVELY Señor, va a enfrentarse usted a su orgullo, que es como un dragón que guarda su más preciado fruto, se lo aseguro.

Señor, orgullosa como un ángel caído y piadosa como un ángel leal.

POLIDOR ¡Vamos, vamos! Es hija del viejo Adán y este ha tenido una extraña mala suerte con su posteridad.

LOVELY ¿Cómo? Creo que aprueba usted la común herejía de que la naturaleza es igual para toda la humanidad. Y que toda ella es lasciva. ¡Una bestial y horrible calumnia, capaz de hacer que salieran de sus tumbas los nobles fantasmas romanos y que Lucrecia se apuñalara de nuevo! He encontrado bellezas inglesas heroicas. Vencí una vez el alma de una joven belleza. ¡Con qué alegría se hubiera casado conmigo! Pero cuando descubrió mis malas intenciones y me ofrecí a disfrutar indecentemente de su otra mitad, de su bello cuerpo, creí que me mataba. La virtud y la furia la llevaron a un paroxismo. Pudiera haber dicho, con Guiomar, que una de sus mitades quedaba muerta en el suelo y la otra se escapaba corriendo.

POLIDOR De acuerdo, Lovely. Pónganos a su mujer y a mí juntos.

LOVELY ¿Quién anda ahí?

Entra un SERVIDOR.

¡Vete y llama a tu señora!

POLIDOR Ahora bien, si es tan virtuosa como usted dice, habré de parecerle un extraño monstruo atreviéndome a tentar a la esposa de mi amigo.

LOVELY Pensará que es usted un monstruo y no un hombre si no la tienta. Las mujeres que odian el pecado también aman la tentación.

POLIDOR Quiero convencerle de que le tengo aprecio. En este asunto se porta usted como un petimetre tan vergonzoso que si no le apreciara le denunciaría y le pondría un par de cuernos como algunos bribones harían con el bíblico becerro de oro.

LOVELY Adelante, pórtese tan mal como pueda. No se guíe más que por este deseo mío. Y dígame el resultado.

Entra la SEÑORA LOVELY.

¡Querida! Tengo cita para cenar en la Corte y creo que no volveré esta noche, puede que en toda la semana.

SEÑORA LOVELY ¿Cómo? ¿Toda la semana?

LOVELY Sí, los buenos amigos con los que voy a cenar se van al campo durante una semana. Creo que iré con ellos.

(Aparte a POLIDOR). Esto es para darle una oportunidad.

(A la SEÑORA LOVELY). Ya los conoces y sabes cómo escribirme si es necesario.

SEÑORA LOVELY ¡Es un aviso muy repentino!

LOVELY ¿Me perdona usted, Polidor, por dejarle solo. Por favor, en mi ausencia visite frecuentemente a mi esposa. Sé que se lo agradecerá. Y yo también. Su servidor, Polidor. Adiós, querida. *(Sale).*

SEÑORA LOVELY *(Aparte).* ¿Está loco este hombre que me deja de repente con el hombre más tentador del mundo, justo cuando ya me ha declarado estar apasionado por mí? Habré de ser más prudente de lo que es mi marido.
¿Quién anda ahí?

POLIDOR *(Aparte).* No voy a cortejar a esta señora, porque aunque es bella, es una coqueta y aprecia tanto su belleza que me tentará a dejar a Camila por ella. Engañaré a mi necio amigo con una mentira.

Entra Cecilia.

Señora Lovely *(Aparte a Cecilia)*. Ah, ¿estás ahí, hermana? Permíteme una palabra. Quédate conmigo mientras esté aquí este señor.

Polidor *(Aparte)*. ¡Ah, está en guardia! La prefiero así. Tan sabia, tan virtuosa, se vuelve encantadora. Ahora me gustaría estar a solas con ella.

Señora, mi amigo es muy feliz con usted.

Señora Lovely A su servicio, señor. Yo también soy feliz con él. Se lo merece y podía haber conseguido mejores partidos que yo, pero mi feliz destino me condujo a él.

Polidor *(Aparte)*. ¡Es una mujer fiel, una mujer excelente! Envidio a su marido. No, ahora debo hacerla mía. Ojalá el cielo hiciera que se marchara su hermana.

Entra Lionel, que llama a Cecilia aparte.

Lionel Señora. Tengo un billete galante para usted.

Lionel le da un billete a Cecilia,
que lo abre y lo lee.

Cecilia *(Aparte a Lionel)*. ¡Oh, es de mi querido caballero, mi Shittlecock! Vamos a leerlo.

Lionel *(Aparte a Cecilia)* Muy bien. Encantada.

Salen Lionel y Cecilia.

Polidor *(Aparte)*. Bien, bien. Se marcha la hermana. Ahora a por la dama.

Señora, desde el momento en que la vi ¿qué no he sufrido de amor desesperado? Porque ¿qué le puede gustar a usted más que usted misma? Le sobra belleza para tener ocupado todo su pensamiento. Supera usted tanto lo que un hombre puede desear que todos los hombres parecen estar a tanta distancia de usted como las montañas y los valles lo están del cielo. *(Se arrodilla)*. Y aunque muy pocos lleguen a alcanzar esta felicidad, le ruego que, aunque indigno, sea piadosa conmigo.

SEÑORA LOVELY *(Mira alrededor)*. ¿Cómo se atreve a decirme esto delante de mi hermana? Ah, no, no se ha marchado.

Entra LIONEL.

Ven aquí, Lionel. *(Aparte a LIONEL)*. Quédate conmigo hasta que se marche este caballero.

POLIDOR *(Aparte)*. ¿Viene usted? No, entonces tengo que dejar mis plegarias. ¡Pero aumenta mi devoción! Mi hermosa santa brilla más que nunca. Creo que tiene un halo alrededor de la cabeza. Su virtud está radiante en su cara. Ojalá el cielo me concediera tener a mi bella santa donde se adora a tantos santos, al lado de la cama. Si pudiera la seduciría hacia su dormitorio.

Señora, su casa está muy bellamente amueblada.

SEÑORA LOVELY No siempre, señor. A veces no faltan las malas compañías y esas son mal mobiliario.

POLIDOR *(Aparte)*. ¡Ah! Se ha dado cuenta. Pero no voy a abandonar el terreno.

Señora, tiene usted buenos compañeros difuntos, cuadros quiero decir. Vi uno en su dormitorio. Si le parece, señora, vayamos a verlo.

SEÑORA LOVELY No es un buen cuadro, señor. Únicamente lo aprecio por lo que significa. Pretende ser un retrato de mi marido, pero no lo representa adecuadamente. Pero me gusta cualquier cosa que se parezca a mi marido por poco que sea.

POLIDOR ¡Que no se contente con ello cualquier necio!

LIONEL *(Aparte).* Creo que este caballero pretende hacer un retrato mucho peor de mi señor.

SEÑORA LOVELY Unos cuadros mejores, señor, le gustarán más y hay algunos en la cabecera de la escalera que son bastante buenos.

POLIDOR *(Aparte).* ¡Maldita sea su escalera!

Hace usted que desmerezcan estos cuadros, señora.

SEÑORA LOVELY Y ¿cómo lo hago?, dígame.

POLIDOR Brillando más que todos ellos, señora. Palidecen ante usted y parecen sombras de sombras.

SEÑORA LOVELY Podría usted evitar ese comentario.

POLIDOR *(Aparte).* ¡Una mujer extraordinaria! Me vuelvo loco por ella.

Entra un CRIADO.

CRIADO *(Aparte a LIONEL)* Una carta para usted, señora Lionel.

LIONEL *(Aparte).* ¡Es de mi amante! Tengo que salir a leerla. Pido al cielo que no me eche en falta mi señora.

POLIDOR *(Aparte).* Bien, ya me deja la vía libre esa superflua acompañante. Volveré a mis súplicas.
(Se arrodilla). ¡Oh, señora, señora!

SEÑORA LOVELY *(Mira a su alrededor).* ¿Cómo? ¿Otra vez con esto? ¡Se marchó mi criada! ¡Está bien!

POLIDOR Le ruego que me escuche, señora.

SEÑORA LOVELY Señor, le he escuchado y le voy a contestar. No pensaba darle más contestación que un silencioso desdén, la única réplica adecuada a una conducta tan inadecuada como la suya. Pero la necedad de mi familia me fuerza a ser yo también necia. Así que esta es mi contestación: señor, si se hubiera usted atenido a los límites del honor, hubiera considerado un honor su amor hacia mí, pues significaría que apreció usted algún mérito en mí. Un hombre puede estar honorablemente enamorado de aquellos a los que no puede alcanzar honorablemente. Pero cuando sobrepasa usted los límites del honor esto significa claramente que me considera una mala mujer. Me afrenta usted y pretende afrentar a mi marido. He de informar a mi marido, señor, de quién es usted, a menos de que desde este mismo momento desista usted para siempre en sus pretensiones. De modo que, su servidora, señor.

Entra LIONEL.

Señora, ¿cómo se atreve usted a dejarme cuando le he pedido que se quede? Enseguida vamos a tratar de esta y de otras faltas suyas. Colecciona usted galanes en la iglesia. Deja que el señor Thorneback se ría de usted. ¿Cree usted que siente un amor honesto por usted? ¡Es usted una buena pieza, sin duda, para encantar a un caballero! *(Sale)*.

LIONEL *(Aparte)*. Quizás sea tan buena pieza como usted misma.

POLIDOR *(Aparte)*. ¡Qué gloria de mujer! ¡Qué maravilla de mujer! No voy a cejar hasta que sea mía. Los placeres prohibidos son divinos. *(Sale)*.

Entra CECILIA.

CECILIA Mi hermana se permite regañarme porque no me quedo con ella y porque atendí a un petimetre hoy durante la oración sin su permiso. Haré lo que me plazca. Tendré a mi Shittlecock a pesar suyo.

LIONEL Bien, y yo también tendré un galán, aunque ella piensa que soy tan poca cosa. Me parece que quiere destrozarme el corazón, pero no me lo romperá mientras no se rompa mi cara. Un espejo será entonces mi veneno, mientras que ahora es un vaso de consuelo. *(Mirándose al espejo).* ¡Qué hermosa cara veo aquí!

CECILIA Déjame mirarme un poco en el espejo, Lionel.

LIONEL La verdad es que ser hermosa es preocupante y una pesada carga. Cuesta tan poco mantener un caballo hermoso como una cara hermosa. ¿Qué nos cuestan nuestras caras, de un maquillaje a otro? ¡Y tantos viajes al día a los espejos!

CECILIA Lo mismo que hacen las demás.

LIONEL Pues yo odio a mi orgullosa y mala señora. ¡Cómo te echa en cara un pequeño flirteo y te cicatea un pequeño elogio! Me importa tan poco como que me eche en cara mi mantenimiento, que viene a ser lo mismo. Como, bebo, duermo y tengo mejor aspecto al cabo de un mes. ¡Y me brillan tanto las mejillas cuando alguien me elogia! Oh, señora, es usted más bella que su hermana, mil veces más.

CECILIA ¡No exagere, Lionel!

LIONEL Se lo juro, señora.

CECILIA Y yo juro que es usted una muy buena persona y muy hermosa también.

LIONEL Mi querida señora, sé que tiene usted muy buen carácter. La quiero de corazón.

CECILIA Y yo a usted. La haré mi criada cuando me convierta en lady Shittlecock.

LIONEL Gracias, mi buena señora. A decir verdad, yo también espero convertirme en algo. No sabe lo que le gusto al caballero Thorneback.

CECILIA ¡Tenga cuidado, Lionel! Los hombres son falsos.

LIONEL Deje que los hombres se cuiden de nosotras. Somos tan falsas como ellos. Los hombres tienen tan alto concepto de sí mismos y dicen ser el sexo fuerte, el más sabio y el más ingenioso. ¡Qué maravilla de sexo! Y quizás sean un sexo notable entre sí, pero entre nosotras, con un poco de ingenio los convertimos en un sexo simplón y débil, como hacemos a menudo. Podemos superarlos en sus propias tretas, en las mentiras, en los elogios, en los engaños, en, en, en todo.

CECILIA ¡Qué locuras dice!

LIONEL Creo que se acerca mi caballero, se acerca a mí como un ladrón se acercaría a una tienda, para ver lo que ofrezco, para llevarse una muestra en un beso. Pero lo que pretende es robar la pieza entera y no pagar por ella. Si me quiere, tendrá que pagar mi precio, o sea, el matrimonio. Ahí he de llevarle. Se atrapa a los hombres como dicen que se hace con los caballos: podrás embridarlos llevándolos a una esquina, acariciándolos y dándoles forraje.

CECILIA Tenga cuidado no sea usted la atrapada, Lionel. La he visto muy liberal con él.

LIONEL A decir verdad, señora, me ha picado la araña del desenfreno y no me curaré hasta que oiga la música matrimonial y haya echado un baile con un marido en la cama. Un marido, ¡Dios mío!, digo yo.

CECILIA Veo que halaga usted a su galán. Yo soy seria con mi caballero. ¡Si mi Shittlecock me dejara lloraría lágrimas de sangre! Ah, aquí viene.

LIONEL Y mi galán. *(CECILIA corre al espejo).* Querida señora, déjeme un poco el espejo. Gracias, señora.

Entran THORNEBACK y sir JOHN SHITTLECOCK.

Sɪʀ Jᴏʜɴ ¿Y están las mujeres verdaderamente enamoradas de usted? Porque, perdóneme, es usted algo mayor.

Tʜᴏʀɴᴇʙᴀᴄᴋ ¡Mucho mejor, hombre! Las mujeres han llegado a comprender que vale más el buen sentido que la juventud. Y una mujer que se precie de su honor nunca lo confiará a jóvenes parlanchines.

Sɪʀ Jᴏʜɴ Yo creo que los viejos son parlanchines. Creo que está usted tan suelto de lengua como de carnes. Presume de las atenciones que tiene la señora Lovely con usted.

Tʜᴏʀɴᴇʙᴀᴄᴋ Sí, me precio de ciertas atenciones de simple buena educación, pero no me importa si me concede el último de los favores. Y me lo concederá, pero no se hable más de ello. Si alguien me llega a oír con ella, a menos que sea el ruido en su cama o en su dormitorio, le daré permiso para que me aparte de sí para siempre. En cuanto a los excesos de un galanteo, creo que los jóvenes nos aventajan. Y, sin embargo, estoy dispuesto a competir con cualquiera de ustedes. Soy como la Úrsula de Ben Jonson, la cocinera de lechones. Sigo siendo capaz de asar lechones tan bien como siempre. Ahí viene un muy agradable lechón, haré que crepite al fuego rápidamente.

Las mujeres se apartan del espejo
y se acercan a sus galanes.

Lɪᴏɴᴇʟ ¡Oh, mi querido señor!

Tʜᴏʀɴᴇʙᴀᴄᴋ Fíjese bien, Shittlecock.

Sɪʀ Jᴏʜɴ Pardiez, tiene razón, le adora.

Cᴇᴄɪʟɪᴀ ¡Oh! Sir John, lo ha hecho usted muy bien.

Sɪʀ Jᴏʜɴ ¿Sir John? Déjese de *sir John*.

Cᴇᴄɪʟɪᴀ ¿Qué pasa? ¿Se ha enfadado usted?

SIR JOHN Sí lo estoy. ¿No ve usted a Lionel? Demonio, si estuviéramos fuera la abofetearía.

CECILIA ¡Ey, ey! ¿Por qué? ¿Está usted enamorado de ella?

SIR JOHN ¿Yo enamorado de ella? No. La desprecio y la odio. Sí, y a todas las demás mujeres también a causa de ella.

CECILIA ¿Qué dice? ¿Teme que deshonre su casa? No, no la tema, es una sinvergüenza astuta. Solo pretende atraerle para que se case con ella.

SIR JOHN Bien, pero la odio por aguantarle.

CECILIA No deja de gustarme esta cualidad en usted. Odio al hombre que puede amar a cualquier mujer.

LIONEL Bueno, es usted un travieso caballero haciendo que una pobre muchacha se enamore de usted. ¿Me merezco yo un tan excelente caballero como usted?

THORNEBACK ¿Excelente caballero, dice, burlona desvergonzada?

LIONEL Sabe usted que no me burlo, apuesto caballero juguetón.

THORNEBACK ¡Es usted la más desvergonzada halagadora!

SIR JOHN ¿Ve usted, lo ve? No la aguanto. La voy a abofetear.

CECILIA ¿Por qué? Déjela en paz. Solo está jugando con él.

SIR JOHN Bien, pues déjela bromear con galanes apuestos. Una desvergonzada moza jugando con barro. Pido al cielo que nunca deje que le vista ahora que se ha manchado las manos con ese sujeto.

CECILIA Me gusta mucho su sentido del humor.

THORNEBACK ¡Esta muchacha tan cariñosa acabará engañándome hasta el matrimonio! No es sorprendente que los hombres sean necios cuando los generan estas necedades: un hombre se porta como un necio con una mujer y una mujer se porta como una necia con un hombre y con estas necedades acaban engendrando otro necio.

LIONEL ¡Dios mío, mi señora, mi señora! Adiós, señor. *(Sale LIONEL)*.

CECILIA ¡Mi hermana! Márchese, márchese, sir John. *(Sale CECILIA)*.

SIR JOHN Ni me voy ni me quedo. ¡Estoy loco!

THORNEBACK Mira, mira, la envidia envenena al pícaro. Márchese. Déjenos a la señora Lovely y a mí solos y muérase como una rata detrás de la valla.

SIR JOHN Me quedaré a observar. Si le concede algún favor me voy a morir de envidia. Me ahorcaré.

*SIR JOHN se esconde
y entra la SEÑORA LOVELY.*

SEÑORA LOVELY Ah, señor Thorneback, me alegro de verle.

THORNEBACK Servidor de usted, señora.

SIR JOHN *(Aparte)*. Él le gusta. No aguanto a mujer alguna mientras viva.

THORNEBACK Bien, señora. Me siento muy feliz de ser favorecido por la mejor mujer del mundo, como es usted, señora. No me cambiaría por un querubín. Los querubines, creo yo, deben ser criaturas infelices. Tienen buena cara sin tener a qué aplicarla, señora, porque no existen querubines femeninos. Nunca oí hablar de señoras querubines o querubines con marido o hermanas querubines. Y, señora, ahora que hablamos de querubines, le voy a ofrecer a usted la primicia de una nueva canción mía, una bella canción.

SEÑORA LOVELY Así será a juzgar por su padre.

THORNEBACK ¡Oh, señora, qué complaciente es usted!

SIR JOHN *(Aparte)*. ¡Por Júpiter! Qué elogio más extraño ha hecho a un hombre tan feo. ¡Dios, me voy a ahorcar!

THORNEBACK Es una canción que compuse acerca de mí mismo y una hermosa joven que me concedió la primicia de sus gracias.

Canta.

¿Qué demonios hago yo aquí, necia muchacha,
en esta remota y silenciosa sombra
a solas contigo?

Mi corazón se corresponde con el lugar
y ambos son más amigos tuyos que míos:
¡me voy a morir!

No me espantaría ninguna fiera.
Y si me encontrara con villanos aquí,
me escondería en alguna cueva.

Pero muestras tan encantadoras gracias,
que aunque me esfuerce no puedo irme.
¡Me voy a morir!

Ah, abandona tus dulces tentaciones,
no tocaré nunca más esos labios.
¿Debemos seguir engañándonos?

¡Ahora me rindo! ¡Ahora caigo!
Ahora pierdo el aliento.
Me estoy muriendo.

Nunca más veré tu tentadora cara,
ni nos encontraremos en este peligroso lugar,
perdida mi fama para siempre.

Pero la fama, a decir verdad, es vana,
y toda dama que se entrega sale ganando,
cuando se entrega.

En una tan placentera tormenta de felicidad,
hacia esta orilla del paraíso,
¿quién no correría?

Si me juras tu verdad,
te volveré a encontrar, sin importarme
cuántas veces tenga que morir.

Señora Lovely Es usted muy entretenido, señor Thorneback.

Thorneback Señora, me encanta mostrarle a usted todas mis cualidades y si le gustan puede quedarse con ellas.

Sir John *(Aparte).* ¡Que un pajarraco como este cante tan bien! Pardiez, canta bien. ¡Maldición!

Señora Lovely *(Aparte).* Haré que este simplón despliegue todas sus tontas gracias.

Y baila usted muy bien, Sr. Thorneback. Diga a mis criados que toquen para usted.

Thorneback De todo corazón. Soy su servidor, señora.

Baila Thorneback.

Sir John *(Aparte).* Pardiez, a fe que el sinvergüenza baila bien. Tan bien como yo. ¡Qué pícaro más afortunado!

Señora Lovely Es usted un excelente bailarín, señor Thorneback.

Thorneback A su servicio, señora. Me alegra complacerla. Señora, me han dicho que su marido piensa abandonar la ciudad durante un tiempo.

Señora Lovely Sí, señor Thorneback. ¿Sería usted tan caritativo de visitarme de vez en cuando?

Sir John *(Aparte).* ¡Le corteja, es ella quien le corteja! Me voy a dar de cabezadas contra la pared.

Thorneback *(Aparte).* He aquí una clara invitación a su cuerpo. Espero que Shittlecock lo esté escuchando todo. Y ahora mi impúdica herramienta, el arma que ha conseguido vencer a tantas mujeres.

¿Y todas mis visitas serían una obra de caridad? Entonces, señora, creo que soy un tesoro para usted. Tendrá usted todas las riquezas que me acompañan. Y ahora que ningún inspector vigila nuestros navíos es el momento de meter mercancía de contrabando. A fe que será mi contrabando. *(Pretende besarla).*

Señora Lovely ¿Qué hace? Apártese, viejo verde desagradable.

Sir John ¡Dios mío, Dios mío, qué extraño suceso!

Thorneback ¡Desvergonzada y desagradable vieja fatua!

Señora Lovely Sí, atrevido, necio y rematadamente feo, además de viejo, tan viejo que creo que era usted uno de los animales que se acercaron a Adán pidiéndole nombre y le dejaron sin palabras. No encontraba nombres para abarcar todas sus deformidades. Pero la serpiente no era, estoy segura de que usted no es tan tentador.

Sir John *(Aparte).* ¡Se me sale la alegría del cuerpo!

Thorneback No. Tiene usted al demonio en la lengua. Si Adán hubiera puesto tan malos nombres como usted, habría merecido ser expulsado del Paraíso por su mala lengua, aunque no hubiera tocado la manzana.

Señora Lovely No, confieso que me he portado mal con usted. Creí que era usted ingenioso e intercambié unas burlas con usted, cuando parece que no es usted más que un notable necio. De modo que le he hecho hacer el tonto. Es culpa mía. Discúlpeme.

THORNEBACK Y yo, señora, confieso que tampoco me he portado bien con usted. La tuve por necia, y lo es, efectivamente, pero no tanto como pensaba. Si la he hecho hablar indebidamente, la mitad de la culpa es mía. Le pido perdón.

SEÑORA LOVELY No hace falta que diga usted que es culpa suya porque veo con mis ojos que todo usted es una falta culposa. Márchese, inmediatamente, o haré que uno de mis criados le machaque los huesos y lo dejen como manzana triturada. Márchese. Su agria cara me da dentera.

THORNEBACK Tengo más dulzura en la cara de la que tiene usted. ¡Qué digo! Creo que esta mujer está bebida, bautizándose el pico para apartar demonios. Hay campanas a las que se da nombre cuando se las bautiza. ¡Adiós, segunda Meg de Westminster!

Entra SIR JOHN SHITTLECOCK.

SIR JOHN ¡Ah, señor Thorneback! ¡Su humilde servidor! Tiene usted tanta suerte con las mujeres.

THORNEBACK Escuche, Shittlecock. No gaste bromas conmigo, que puedo caerle encima de la cresta. *(Sale)*.

SEÑORA LOVELY Bueno, ¿y ahora qué? ¡He aquí otro necio!

SIR JOHN *(Aparte)*. Algo vale ser apuesto. Le haría el amor sin más si me atreviera. Me aventuraré.

Señora, soy su humilde servidor.

SEÑORA LOVELY Perdón, señor. No nos conocemos.

SIR JOHN Señora, su servidor. Soy un tal Shittlecock.

SEÑORA LOVELY Ah, ¿Sir John Shittlecock?

SIR JOHN No, sir Thomas, señora. No, no, el caballero sir John. Mi padre era sir Thomas.

(Aparte). ¡Demonio! Me olvidé de mi nombre, el amor me confunde.

Señora Lovely Ah, señor, creo que es usted quien corteja a mi hermana.

Sir John Sí, señora. No, señora.

(Aparte). Quiero hablar y no me atrevo. Por Dios, lo diré...

Señora...

(Aparte). Dios mío, no me atrevo.

Señora...

(Aparte). No me atrevo.

Soy su humilde servidor. *(Sale).*

Señora Lovely ¿Qué diría este petimetre si pudiera hablar? Me imagino que sería de amores, si supiera hacerlo.

Entra Camila.

Ah, señora, señora, llega usted a tiempo. Estaba a punto de pedirle este favor. Ay, señora, sea usted mi ángel de la guardia. Estoy tentada de abusar del lecho de mi marido con un hombre cuyo nombre le sorprenderá cuando se lo diga.

Camila ¿Qué, se trata de un religioso?

Señora Lovely ¡Un religioso, señora! ¿Son capaces de hacer estas cosas?

Camila Bueno, he conocido en los confines de la iglesia a hombres muy atrevidos.

Señora Lovely No, este es un petimetre de ciudad.

Camila No es sorprendente que un petimetre de ciudad sea lascivo. Es lo que les corresponde.

SEÑORA LOVELY Sí, pero este galán no merece ese nombre, por lo menos en público. No tiene tienda abierta como hacen algunos de ellos. Es verdad que cuida su vestimenta y frecuenta a las damas y a menudo compone canciones sobre bellas conocidas.

CAMILA Esos son las herramientas y los distintivos de su oficio.

SEÑORA LOVELY Sí, pero se le cree persona tan distinta que, se dice, se le confía el corazón. Lo cual creo que sería tan despreciable, si fuera conocido pecador, como refugiarse en una casa pública. Le diré el nombre: es el señor Polidor.

CAMILA ¡Qué monstruosidad!

SEÑORA LOVELY Sabía que le sorprendería.

CAMILA Creía que ese hombre albergaba toda la perfección perdida de la humanidad. Y me he dolido de que no renaciera el perdido Edén para él y que una nueva Eva, mejor que la primera, no fuera creada para él, para que gozara de todas las alegrías que se merece. Y me engañó diciéndome que Eva y el Paraíso estaban en mí, que él estaba hecho para mí y yo para él. ¡Cielos, qué felicidad me prometí a mí misma! ¡Y cómo he adorado a esta brillante serpiente! Nunca más seré capaz de soportarme hasta que me corrija y me reforme a mí misma. Me dicen que los clérigos papistas no utilizan las iglesias en las que se han cometido herejías hasta que no las han limpiado a latigazos. No sería mala acción azotar mi propio templo carnal.

SEÑORA LOVELY Señora, eso no me parece justo. ¿Por qué debe usted sufrir por los crímenes ajenos?

CAMILA Sin duda sería más justo castigarle a él. Y lo haría con mejor voluntad que con la que siempre he rezado, yo que soy tan dada a rezar. ¡Qué bajeza! Engañar a mi corazón, y afrentarme. Ahora le he entendido. Sus halagos eran una sátira y de manera educada me ha llamado *ramera*. Sin duda me quería para ese noble oficio.

Señora Lovely Bien, dejemos esa disputa. Le digo esto para que proteja su corazón y su honor de él.

Camila Gracias, señora. ¡Cuánto le aborrezco! Me gustaría que hubiera un hombre que le llamara a capítulo. Si lo permitiera la decencia, lo haría yo misma.

Señora Lovely ¿Cómo, señora?

Camila Me atrevería a hacerlo. No soy una cobarde.

Señora Lovely Pero es usted una santa.

Camila No me hable de santidades, señora, no soy una santa, pero si lo fuera, no sé por qué una santa debería aguantar abusos.

Señora Lovely No pensaba que le preocupara eso tanto. Creía que su piadoso corazón estaba en el cielo.

Camila ¡Qué va! Los corazones no suelen volar tan alto. Les basta con sobrevolar sobre los tocadores. Nunca pude hacer que mi corazón se elevara por encima de esta ciudad. Ojalá estuviera ya en mi frío y tranquilo sepulcro.

Señora Lovely Pues, la verdad, que tampoco eso está fuera de Londres, porque creo que tiene usted un sepulcro en la ciudad y ahí estaría bajo el suelo del viejo Londres en un suburbio oscuro y silencioso de la ciudad.

Camila ¡Dejemos estas viles lágrimas! ¿Dónde cayeron? Si fue en mi vestido, no me lo pondré nunca más. Están contaminadas con el agua de un odioso manantial de vergonzoso amor por un falso y malvado miserable. Cegaré este odioso manantial para siempre. ¿Cómo recibió usted a ese hombre?

Señora Lovely Busqué a alguien que me protegiese de él, pero me doy cuenta de que no puedo pedírselo a mi hermana porque hará lo que ella quiera. Y no está bien hacer de mi criada mi compañera. Así que, querida, quédese conmigo mientras mi marido está fuera de la ciudad, aunque ya le he avisado del peligro en que me encuentro. Le mandé una carta a la casa de sus amigos donde estaba cenando y creí que al abrirla se sentiría arrebatado por una tormenta que lo traería de vuelta como en un torbellino. Pero solo sonrió y me contestó que no conocía yo bien a Polidor. Por lo que veo sigue decidido a marcharse y a dejarme con este hombre. Así que, querida, le ruego que se quede conmigo.

Camila De todo corazón. Voy a casa un momento a ordenar unos asuntos y vuelvo enseguida. ¡Qué monumental pícaro es este encantador tramposo! Pero le venceremos con sus mismas artes *(Sale)*.

Señora Lovely Mi santa es una verdadera furia. Veo que en carne y en espíritu todas somos pecadoras. Pero los pecados espirituales son los más peligrosos y perduran interminablemente, mientras que las heridas de la carne no deja el tiempo de curarlas.

Salen.

ACTO III

MISMA ESCENA

Entran SIR JOHN SHITTLECOCK
y un CRIADO.

CRIADO ¿Con quién quiere usted hablar, señor?

SIR JOHN No sé...

(Aparte). Tengo unas ganas terribles de cortejar a la señora Lovely, pero no me atrevo... Soy un maldito petimetre tímido... ¿Qué puedo temer? Me aventuraré...

Señor, quiero hablar con su señora, la señora Lovely... Espere, espere, señor...

(Aparte). No me atrevo...

Llame a la señora Sistly...

(Aparte). Me atreveré...

Espere, llame a la señora Lovely...

(Aparte). Sí, caray, me atreveré...

Espere, llame a la Señora Sistly.

CRIADO Este hombre está loco. Que llame él a quien quiera. *(Sale).*

SIR JOHN ¡Ah, aquí viene la señora Sistly!

Entra CECILIA.

(Aparte). Bella moza. Dios, me parece más hermosa que su hermana... No, maldita sea... Sí, maldita sea... No, maldita sea... Sí, Dios mío, sí lo es...

¡Querida señora!

CECILIA Apártese, vil, indigno, falso, pervertido... Usted..., usted ha estado haciéndole la corte a mi hermana Lovely... una mujer casada.

SIR JOHN *(Aparte).* ¡Maldición! ¿Ya sabe de ello?

CECILIA *(Llora).* Me lo merezco por hacer caso y amar a un hombre antes de conocerlo. Me odio por ello.

SIR JOHN *(Aparte).* ¡Está realmente llorando! Daría cien libras por que alguien viera que lo hace por mí.

CECILIA ¡Ojalá nunca hubiera visto su cara, ser despreciable!

SIR JOHN *(Aparte).* Y sigue y sigue. Si se ahorcara por mí, me honraría. Caray, ojalá lo hiciera. No, caray, sería una pena..., caray...

Vamos, no torture usted más sus ojos, querida.

CECILIA *(Solloza).* Márchese y deje de mo... mo... lestarme.

SIR JOHN *(Aparte).* Llora tanto, lo juro, que no puede ni hablar... ¡Pobrecita! No puedo aguantar llorar con ella.

¡Querida!

CECILIA ¡Apártese!

SIR JOHN Le ruego que me escuche.

CECILIA ¡No lo haré!

SIR JOHN ¡Se lo ruego! Quiero que sepa que yo soy uno de los que el mundo llama galanes. Y ya sabe usted que todas las mujeres esperan cierta atención amorosa de un galán.

Por eso lo hice, para mostrar mi buena educación, eso es todo. Pero si me perdona, nunca más daré estas muestras de buena educación el resto de mi vida.

CECILIA ¿Qué me importa a mí lo que haga usted?

SIR JOHN Pues si no me perdona, seguiré cortejándola en serio.

CECILIA Bueno, le perdonaré por esta vez. Pero si lo vuelve a hacer...

SIR JOHN Le juro que no. Déjeme que bese su bella mano para mostrar que nos reconciliamos.

CECILIA ¡Eso no!

SIR JOHN Una sola vez.

CECILIA ¡Que no!

SIR JOHN Se lo ruego.

CECILIA ¡Que no!

SIR JOHN Bien, si va ser usted tan cruel, me despido de usted.

CECILIA Bueno, se lo dejaré hacer, pero es más de lo que usted se merece.

SIR JOHN ¿Entonces nos hemos reconciliado?

CECILIA Quizás sí, quizás no. No se lo voy a decir. Vaya usted con Dios. *(Sale)*.

SIR JOHN Sí, sí estamos reconciliados, mi bella pícara. No es mala cosa que una hermosa dama llore por uno. Dios mío, no me importaría morir si todas las bellas mujeres de la ciudad lloraran por mí. ¡Ah, qué gran placer sería ese! Vaya por Dios, aquí llega la hermosa dama de compañía.

Entra LIONEL.

Ahora, de verdad, no puedo serle fiel a la señora Sistly. ¡Ah, no, ahora me encuentro en mi elemento! Soy un necio con las damas, pero un demonio con doncellas domésticas. Ahora puedo besar sin necesidad de un maestro de ceremonias. ¡Bella señora Jenny! ¿Cómo van sus enaguas?

LIONEL Por favor, déjese de tonterías, señor. No estamos usted y yo tan íntimamente relacionados. No sabe usted ni mi nombre ni mi carácter. No me llamo Jenny y no soy una casquivana.

SIR JOHN ¡Vaya, vaya! ¿Ni mi nombre ni mi carácter? Es usted muy sabia escolástica. ¿Puede usted hablar latín?

LIONEL No, señor. ¿Para qué me serviría el latín? Pero sé el suficiente inglés para responder a un caballero.

SIR JOHN Muy ocurrente y muy hermosa, pardiez. Sé su nombre, no el que le dio su madrina cuando la bautizaron. No, su padre y su madre le dieron la cara y la belleza. Su nombre es *Hermosura* y su apellido *Ven y dame un beso*.

LIONEL No, mi buen señor, no soy de la familia de las *Dame un beso*. Por favor, no se acerque.

SIR JOHN No, no, ha de darme un beso, pardiez. ¡Se lo daré, pardiez! ¡Se lo daré, pardiez!

LIONEL No, no, pardiez. Pardiez, no me lo dará.

SIR JOHN ¡Vamos, vamos! Está tan tiesa como una escoba. Más tiesa, porque esas tienen una vara en la espalda y unas retamas en la cola. ¿Qué le pasa? ¿No le gusto?

LIONEL ¿Gustarme, señor? ¿A quién no le gusta el distinguido sir John Shittlecock?

SIR JOHN Ah, picarona. ¿De broma, eh?

LIONEL ¿Broma, señor? No, señor, sabe usted que no.

Sɪʀ Joʜɴ ¿No me aceptaría usted si la acepto yo?

Lɪoɴᴇʟ ¿Me acepta usted, señor? Ojalá fuera una reina por su bien.

Sɪʀ Joʜɴ Dios mío, me va a volver loco de amor. Me casaré con usted, se lo juro. Le juro que lo haré.

Lɪoɴᴇʟ Bueno, señor, no se burle.

(Aparte). He visto a hombres tan sabios como usted rendidos...

Sɪʀ Joʜɴ Pero, se lo ruego, querida pícara, déjeme tocar sus hermosos labios.

Lɪoɴᴇʟ (Aparte). Le daré uno como cebo...

¡Oh, señor! Ojalá fuera yo digna de ese honor.

Sɪʀ Joʜɴ Al contrario, el honor será mío. (La besa).

Lɪoɴᴇʟ Bien, señor, educadamente.

Sɪʀ Joʜɴ Juro que tiene toda Arabia en la boca.

Lɪoɴᴇʟ Y usted tiene todas las Indias Orientales en la suya.

Entra Tʜoʀɴᴇʙᴀᴄᴋ.

Tʜoʀɴᴇʙᴀᴄᴋ ¿Así que siempre en contra mía, eh, Shittlecock, con la señora y con la criada también? Me parece que las mujeres están confabuladas para que pierda toda confianza en mí mismo. Pardiez, me aborrezco. He tenido buena opinión de mí mismo durante treinta años y la he perdido en un minuto.

Sɪʀ Joʜɴ No, señor, las damas están todas muriéndose por usted. Yo me limito a poseerlas en su nombre.

(Aparte a Lɪoɴᴇʟ). Bien, bella pícara, la veré en otro momento. (Sale).

THORNEBACK Vaya, vaya. ¿Están ustedes encantados el uno con el otro? Que les aproveche. No los molestaré.

LIONEL No, señor. ¡Se lo ruego, señor!

THORNEBACK ¿Qué quiere usted de mí? Al caballo no le gusta comer donde ha comido un pato. ¿La tocaría yo después de hacerlo un tipo como ese? ¿Cree usted que tengo peor boca que un caballo?

LIONEL ¿Qué quiere usted que haga yo, señor? Es un caballero y me pidió humildemente un beso...

THORNEBACK Entonces me parece, señora, que si me casara con usted y un petimetre le pidiera humildemente ponerme los cuernos, usted le permitiría humildemente el favor. Señora, no soy el más indicado para tan humildes mujeres.

LIONEL ¿Los cuernos? Caballero, ¿tan baja me cree usted?

THORNEBACK No puedo pensar peor de las mujeres de lo que las encuentro.

LIONEL Ah, eso es lo que significa ser un hombre apuesto: demasiadas mujeres le conceden cualquier favor y piensa usted que todas son igualmente malas. Le quiero de todo corazón; pero si le quisiera más de lo que le quiero, y es imposible, aunque fuera para salvarme la vida, no le concedería nada, sino lo que pudiera conseguir de manera educada.

THORNEBACK ¿Hombre apuesto? ¡Por favor, no me adule! Acabo de recibir una lección de su señora. Me ha quitado de la cabeza cualquier fantasía. Y se lo agradezco. Me llamó a la cara *gallo viejo*, *desagradable* e *irrespetuoso*. Y ahora que me ha hecho más sabio, va usted a estropearlo y convertirme otra vez en gallo. Antes haré que la azoten. No me portaré más como un asno con las de su sexo.

Lionel ¿Y le llamó todos esos odiosos nombres? Vea usted, es una mujer orgullosa y no dice lo que siente. Daría un mundo por ser la mitad de agraciada como mujer de lo que es usted como hombre.

Thorneback ¡Basta ya, por favor!

Lionel Se lo digo como lo pienso, cosa que usted sabe de sobra. Bien, querido caballero, no puedo seguir con usted ahora. Vuelva a verme cuando mi señora se acueste, a eso de las once, y nos divertiremos.

Thorneback Maldita sea, volveré a portarme como un necio con ellas. Bien, si quiere usted que vuelva a verla, tome un baño de vapor y con el sudor quítese el beso que ese necio le dio.

Lionel Lo haré, lo haré.

(Aparte). Me voy, me voy, que veo al caballero Polidor acercándose a aquella habitación y haré como que lo vigilo.

Thorneback Bueno, adiós entonces... ¡corazón! (Sale).

Lionel ¡Adiós, querido caballero!

Bueno, este caballero Polidor es un ladrón redomado y viene a robar el honor de mi señor. ¿Era ese el negocio que se traía con mi señora? ¡Eso era, eso era! Trataba de cometer un delito en el cuerpo de mi señora. Sí, sí, eso era lo que hizo que la señora me llamara. Y ahora vuelve a escondidas por la puerta de atrás. (Echa un vistazo al escenario). Y juraría que ahora ha entrado en su alcoba. ¿Qué va a ocurrir aquí? Los escucharé a ver si veo algo. (Sale).

ESCENA, OTRA ALCOBA.

Entra la SEÑORA LOVELY
y POLIDOR *la sigue furtivamente.*

POLIDOR *(Aparte).* Bien. Está sola. Ahora me cobraré mi premio.

(Se deja ver por ella). ¡Querida señora!

SEÑORA LOVELY ¡Dios me ampare! ¿Quién anda ahí, quién anda ahí?

POLIDOR No llame a nadie, señora. No tenga usted temor alguno. Nadie puede venir que la quiera más que yo. Y yo lo único que temo es perderla. Así que llama usted en vano. No me moveré. Solo conseguirá deshonrarse, así que evíteselo.

SEÑORA LOVELY ¿Cómo? ¿Piensa usted forzarme?

POLIDOR Solo mediante la dulce fuerza del amor, no de otra manera.

SEÑORA LOVELY No es probable que me sienta inclinada a amar a alguien con la espantosa figura con la que viene usted. Porque viene usted como un ladrón y un violador, y pretende traicioneramente robar a su declarado y servicial amigo. De todos los hombres del mundo nunca le tendría confianza a usted.

POLIDOR Oh, señora, ¿cree usted que hablo en serio cuando doy el nombre de amigo a alguien tan necio como su marido? No está enamorado más que de una sola belleza en el mundo, quiero decir, de sí mismo... No tiene usted razón alguna para defenderle.

SEÑORA LOVELY Aun siendo así. Seré justa con él por mi propio bien.

POLIDOR Él cree que no puede ser usted justa, que nunca podrá hacerle justicia.

SEÑORA LOVELY No me importa lo que piense. Si quiere sensatez y honor, ¿puedo yo acaso hacer lo mismo?

POLIDOR ¡Señora, de rodillas le suplico que se apiade de mí!

SEÑORA LOVELY ¡Es usted un mendigo presuntuoso! Pide usted joyas, mi conciencia, mi honor. Señor, ya soy de otro. Llega usted tarde.

POLIDOR Ha dado usted, en efecto, demasiado de sí misma antes de verla yo, tanto que solo de pensarlo me vuelvo loco. Y a una persona que no lo merece. Pero estoy seguro de que no es dueño de usted por completo. No puede usted amar a un hombre tan por debajo de usted en inteligencia como su marido. Por eso espero no haber llegado demasiado tarde al amor.

SEÑORA LOVELY Pues sí, ha llegado usted tarde para esperar cualquier fruto de amor, al menos cualquier fruto inocente.

POLIDOR ¿No podré cosechar en otro terreno lo que él rechaza? Señora, sí puedo y lo haré.

SEÑORA LOVELY *(Aparte).* ¡Estoy temblando! Tengo miedo de que me conquiste.

¡Le ruego que me deje!

POLIDOR Ah, ¿Baja usted de las alturas? La cogeré cuando caiga. *(La abraza).*

SEÑORA LOVELY ¡Maldito sea usted! Si quiere practicar alguna religión, vaya a la iglesia.

POLIDOR Sí, de todo corazón. Pero es tan grande la tentación que no la puede resistir ningún mortal, o sea ni más ni menos que un hombre. ¿Qué joven y vigoroso santo no abandonaría un momento su religión al pie de esta montaña de lirios?

Señora Lovely Hace usted que le aborrezca. Va a darse cuenta de que no estoy yo dispuesta a la más mínima deshonra a la religión.

Polidor Ni yo tampoco. Nuestro amor tendrá un altar secreto bajo la iglesia, como la fe de san Pablo, donde podamos dedicarnos a nuestras dulces devociones y el matrimonio guarde públicamente su estado, su decencia y sus ceremonias.

Señora Lovely ¿Y serán decentes también nuestras conciencias? Los lazos del matrimonio no están sellados con cera como otros lazos.

Polidor O será usted como la cera, dulce cera que se derrite y recuerda mi forma. ¿No es así? Oh, dulcísima criatura, la más dulce que ha adornado la tierra o bendecido a un amante, bendígame aun más, más que a ningún otro hombre enamorado, porque ningún mortal amó como yo amo ahora. Mire ahí al lado el lecho que nos invita, las cortinas que nos saludan, el aire sensible a la prometida felicidad que corre por esta alcoba.

Señora Lovely Me ofende usted gravemente. ¡Márchese!

Polidor No puedo marcharme. Es más fácil arrancar una estrella del cielo que separarme a mí de usted.

Señora Lovely Cuando haya conseguido lo que pretende, se marchará usted rápidamente. El amor se escapa como insensato pájaro de verano hacia tierras extrañas cuando se desvanece el calor. Y el calor del amor desaparece rápidamente después de la cosecha. Cuando haya perdido mi honor, pensará usted que también he perdido mi belleza. Los encantos de las mujeres se desvanecen como fantasmas cuando se acerca uno demasiado a ellos. Márchese ahora o usted y yo nos despediremos para siempre.

POLIDOR Señora, no puedo apartarme de usted y no lo haré hasta ser el hombre más feliz del mundo.

SEÑORA LOVELY ¿Será posible? ¿Qué cree usted que soy yo?

POLIDOR No tengo tiempo para pensar, no puedo pensar, se me ha escapado el alma de la cabeza y la tengo toda en el corazón, en las venas. He perdido la razón.

SEÑORA LOVELY ¡Márchese! o nos deshonrará usted a mí y a usted mismo. Camila va a estar aquí enseguida.

POLIDOR Bien, déjela venir, creerá que está usted rezando.

SEÑORA LOVELY (Aparte). ¿Qué debo hacer con él? ¡Me siento ceder, ceder!

No me voy a exponer a ese peligro por nada en el mundo y estará aquí dentro de media hora como mucho.

POLIDOR ¡Un buen rato! No suficiente para que suba mi felicidad tan alto como deseo, pero, por lo menos, puedo dejar asentada una buena base. Estoy decidido a hacerlo. ¡Venga, venga, querida mía! Tengo su bello cuerpo en mi poder... Antes de separarnos me esforzaré en cobrar todas las deudas que debe usted a mi corazón.

La arrastra fuera del escenario
y echa el cerrojo a la puerta.
Entra entonces LIONEL.

LIONEL ¡Dios mío, Dios mío! ¿Qué he visto, qué he oído? ¿Debería interrumpirlos? Me inclino a hacerlo. Les tengo envidia... Lo haré... No, sería una pena. No me gustaría que me lo hicieran a mí. Soy dueña de un secreto y le sacaré provecho, como hacen en cualquier oficio. Le diré a mi señora que la comprendo y aceptará que me convierta yo en su señora, pero solo si me paga bien. Y por una buena razón. Porque es un dolor insufrible tener que callar la lengua. Y para ganar el dinero que me corresponde he de aguantar el tormento largo tiempo. ¡Dios mío, Dios mío! Aquí viene la señora Camila. ¿Qué va a ser de mi señora ahora? Porque no va a dejar de decírselo. Pero no quiero compartir el secreto para no disminuir el beneficio que me reportará. Si no fuera por eso, no me importaría nada lo que le pase a esta miserable señora mía.

Entra CAMILA.

CAMILA A su servicio, señora Lionel. Ya arreglé mi asunto en casa y vengo a acompañar a su señora.

LIONEL También ella está ocupada en un pequeño asunto, señora. La recibirá enseguida.

(Aparte). ¡Ah, qué vil ocupación me estoy echando encima! Prefiero que la azoten antes de seguir los consejos de mi horrible señora...

Señora, puede usted pasar cuando guste...No, señora, se lo ruego, no entre.

CAMILA *(Aparte)*. Vaya, vaya, ¿qué le pasará a esta necia muchacha?

Sí, señora Lionel, entraré. Su señora no me esconde nada. Ah, está cerrada la puerta y oigo ruido dentro. ¿Hay alguien con su señora?

LIONEL ¡Sí, señora! No, no, señora.

CAMILA *(Aparte)*. Me parece que no sabe lo que dice.

Lionel *(Aparte)*. No soy muy ducha en estos asuntos. Se va a descubrir todo. Maldita sea, quién me manda meterme en este sucio asunto. *(Sale)*.

Camila ¿Qué significa toda esta confusión? Y oigo susurros en la alcoba *(escucha)* y la voz de un hombre... Se me rompe el corazón, es Polidor. Seguro que en mi ausencia este tentador ha deshonrado a la señora Lovely. ¡Así es, así es! Ahora le oigo claramente. ¡Oh, señora, señora! ¡Lo que es una mujer! Me avergüenzo de ser mujer. Los interrumpiré... ¡Señora, ya he llegado, ya he llegado! Oigo una puerta... A ver quién sale. ¡Es Polidor! Nos ha deshonrado a las dos, ha destrozado su honor y me ha destrozado el corazón.

Entra la señora Lovely.

Señora Lovely Dios quiera que no nos haya oído.

Camila ¡Oh, mujer vil y horrorosa!

Señora Lovely *(Aparte)*. ¡Me ha descubierto! Me mataré...

¿Qué quiere usted decir?

Camila Dígame. ¿Qué hizo el señor Polidor con usted?

Señora Lovely ¿Cómo? El señor Po... Po... Polidor...

Camila *(La imita)*. El señor Po... Po... Polidor... Cómo tartamudea usted. Su pecado es tan reciente que no sabe usted hablar con claridad.

Señora Lovely Ah, sí es cierto, entró en mi alcoba... Y pues... pero... pero... pero... le explicaré.

Camila Pero... pero... pero... De buena gana mentiría si pudiera hablar. Su sonrojada frente es la única parte de usted que muestra alguna modestia o alguna verdad. Ese faro encendido confiesa abiertamente que el enemigo ha abordado la costa.

Señora Lovely ¡Cómo! ¿Cree usted que le quité a su amante y para vengarse pretende usted manchar mi honor? Escúcheme bien... como lo haga... la apuñalaré...

Camila ¿Apuñalarme?

Señora Lovely ¡Apuñalarla!

Camila ¡Qué arpía de mujer! ¿Es usted esa mujer? No, y creo que estoy obligada en conciencia a alertar al mundo sobre usted. Lo pondré en los papeles, lo publicaré en *La Gaceta*.

Señora Lovely ¡Ah! ¿sí?

Camila Pues, sí.

Señora Lovely Está bien... Publicará usted mentiras para satisfacer su malicia, su envidia, su venganza. ¿Es esa su santidad? Veo que su corazón tiene muchos resortes, como algunos relojes, porque tiene usted amor, piedad y malicia al mismo tiempo. Y todos esos resortes se estorban uno a otro. Es usted impotente y falsa en todos ellos. Así son los corazones de los santos que conozco, el peor tipo de corazones, que nunca funcionan como se debe. No se entregan ni a la maldad ni a la bondad. Son virtuosos a medias sin que les guste. Dudan al pecar y no se atreven. Y luego su envidia les hace apartar a otros de sí.

Camila Es usted sincera y completamente malvada. Tengo más pruebas de ello de lo que usted cree, señora. ¡Avergüéncese, avergüéncese y no persista en el pecado! Arrepiéntase o la voy a convertir en ejemplo a evitar.

Señora Lovely (*Aparte*). Ay, me va a destruir. Debo ceder. Estos santos no toleran más pecados que los propios.

Ah, señora, confieso que me cogió por sorpresa el malvado Polidor. Se metió en mi alcoba a la fuerza y no quería marcharse hasta haberme deshonrado. ¡Apiádese de mí!

¡Apiádese de mí! Le aseguro que no me apiadaré yo misma de mí. Viviré todos los días de mi vida avergonzada y dolorida. Nunca más veré a Polidor, ni a nada en el mundo... Mis ojos se desharán en lágrimas.

CAMILA Ah, señora, ahora empieza usted a ganarse mi piedad. Siga así y no solo me apiadaré de usted, sino que la querré, la querré como a una hermana. Y haré lo que pueda para que vuelva a estar más firme en el amor de su esposo, y en el favor del cielo, si es que mis plegarias pueden conseguirlo.

SEÑORA LOVELY Oh, señora, es usted una criatura celestial. *(Se arrodilla ante ella).* Deje que la adore.

CAMILA No, esto es demasiado.

Entra LIONEL.

LIONEL *(En tono displicente).* Señora, ha llegado el señor...

SEÑORA LOVELY Dios mío, qué miedo le tengo.

LIONEL *(Aparte).* Una mujer despreciable. No puedo hablarle ni mirarla con paciencia... *(Sale).*

SEÑORA LOVELY Me encuentro en una extraña situación. Me voy a traicionar.

Entra LOVELY.

(Corre a abrazarle). ¿Tan pronto de vuelta? Querido mío, qué felicidad tenerte aquí, de verdad.

LOVELY Bien, tus cartas también me hicieron muy feliz. Fue, diría yo, una especie de ventana de papel en tu alma. Y me dio la mejor vista que podía haber tenido. Eres discreta y virtuosa. Pero no te enfades con el señor Polidor. Es una persona educada y te cortejó por amor a mí y para complacerte, para tenerte entretenida durante mi ausencia. Él

sabe que las de tu género enferman cuando no son corte-
jadas, que cuando no se les sonríe mueren como plantas
sin sol. Ha entregado su corazón a esta bella dama. Señora
Camila, su más humilde servidor, le agradezco sus bon-
dades con mi esposa. Viene usted, parece, a traerle una
joya nocturna para agraciar su pecho; quiero decir, usted
misma. Me dicen que pensaba usted acompañarla en su
alcoba.

CAMILA Sí, señor, pero le ha traído usted una joya mejor, usted
mismo.

LOVELY A sus pies, señora.

(Aparte). Juraría que está enamorada de mí y por eso viene
a visitar a mi esposa.

¡Querido Polidor!

Entra POLIDOR.

POLIDOR ¡Querido Lovely!

CAMILA *(Aparte).* ¡Qué hombre más falso!

LOVELY *(Aparte a POLIDOR).* ¡Picarón, ha estado usted mano-
seando a mi esposa!

POLIDOR *(Aparte a LOVELY).* ¡En menudo asunto me ha metido
usted!

LOVELY Pobre Polidor, ¿se ha sentido usted confuso? Ah, recibí
una carta de mi mujer que vale su peso en oro. ¡Pobre serpiente tentadora! ¡Cuánto te ha decepcionado! Creo que
cuando un hombre atrevido intenta ponerle los cuernos a
otro y fracasa en su intento, es más ridículo que el mismo
cornudo. Pardiez, me parece que ahora es usted mi cornudo, ¡ja, ja, ja!

POLIDOR Pues me paga usted bien por mis servicios.

LOVELY Oh, se lo agradezco muchísimo. Y si se casa usted, le haré el mismo favor con su esposa.

POLIDOR Gracias, señor. No le molestaré con esa petición.

LOVELY Una palabra más. ¿Me fue mi esposa fiel por razones de conciencia, de deber y otras vulgaridades de este tipo o por el aprecio que me tiene?

POLIDOR No se lo voy a decir, para que no se le suban los humos.

LOVELY ¡Basta, estoy satisfecho!... Ahora voy a reconciliarle con mi esposa.

POLIDOR Me da vergüenza incluso mirarla.

LOVELY ¡Qué lástima! ¡Pobre pícaro! ¡Acérquese, señora! La felicito por su atención y cuidado de su honor. Pero no tema a este caballero. Es su primo hermano.

SEÑORA LOVELY No es primo mío... Puede que lo sea suyo.

LOVELY Nos es muy cercano a los dos. Quiero decir que es de nuestra misma especie y tiene, lo mismo que nosotros, un exquisito sentido del honor. Mire, pues no se aparta de él, no solo despreciándolo sino desobedeciendo mis órdenes. Estas mujeres virtuosas son tan insolentes. ¡Dele un abrazo, Polidor!

POLIDOR No me atrevo.

LOVELY ¿Qué demonios les pasa a ustedes dos?

POLIDOR Bien, no se enfade, a sus pies, señora.

SEÑORA LOVELY Servidora de usted, señor. Perdóneme, no le había entendido.

LOVELY No, es usted como un ganso, así que grazne, me oye, cuando cualquier otro hombre que no sea él asalte su Capitolio. Él es mi propia mitad. No tenemos más que un alma entre los dos, así que entre nosotros dos somos un solo esposo. De modo que sea cariñosa con él, como mitad esposo suyo. Y sería usted un adúltero, Polidor, si se acostara con otra mujer mientras ella viva. Y ahora no se separen. Se lo ordeno a esta señora. ¿Podemos disfrutar de su compañía durante media hora, querida señora?

CAMILA Señor, estoy a sus órdenes.

(Aparte). Me quedaré para seguir zahiriendo a este falsario Polidor.

LOVELY Muchas gracias, queridos. Y estoy a su disposición, se lo prometo. Me siento extrañamente afortunado con esta armonía.

Salen.

ACTO IV

ESCENA, COVENT GARDEN

Entra SIR JOHN SHITTLECOCK.

SIR JOHN Dios, no puedo irme a dormir hasta que no haya dado una vuelta a esta casa. Soy un maldito necio, me iré a casa. ¡Maldita sea, no puedo! ¡Maldición! Tengo que acercarme. ¡Que esté enamorado de tres bellezas al mismo tiempo! Y, pardiez, que lo estoy. No sé a quién amo más, si a la señora Lovely, a la señora Sistly o a la señora Lionel. Son tres dulces criaturas y hacen que esta casa me resulte dulce. Las puertas son de dulce madera, los ladrillos son de dulce barro, el cemento es ámbar griego y las piedras son de caramelo... ¡Dios mío, así es!

Entra THORNEBACK.

THORNEBACK Son las once, la hora a la que me citó la señora Lionel. ¿Qué pasa? ¿Quién está delante de la puerta?

SIR JOHN Creo que las tres bellas pícaras me ven y están esperando a escaparse para encontrarme. Y ahora aparece la hermanita. Querida señora... *(Se agarra a una columna).*

THORNEBACK Es Shittlecock y está con una señora... La está besando. Se me hace la boca agua. ¿Quién es ella? ¡Vaya un petimetre más necio! Está besando una columna. Y le tiene cariño, no le niega nada... ¡Ja, Ja, ja!

SIR JOHN Querido corazón... *(Abraza la columna y habla con voz femenina).* Bueno, me escapé para darle las buenas noches, sir John. ¡Buenas noches, buenas noches! *(Habla con su propia voz)*. ¿Tan pronto, amor mío? *(De nuevo con voz de mujer)*. Me tengo que ir, me tengo que ir. Buenas noches, buenas noches. *(De nuevo con su propia voz)*. ¡Buenas noches, querida hermanita!

THORNEBACK ¡Habrá tal gallito! No me atrevo a contarlo porque va a dejar mal a todos los galanes y no quiero manchar mi propia cama, que ya está suficientemente sucia. Muchos de nosotros somos unos malvados tan odiosos que es una pena que nuestros padres no se hayan casado con columnas.

SIR JOHN Ahora creo que se me acerca la señora Lovely como Venus saliendo de un oscuro mar.

THORNEBACK ¿De qué muladar robó este sinvergüenza ese cochambroso ingenio? No hay modo de echar ingeniosidades al aire sin que algún pícaro las desperdicie.

SIR JOHN Esta, señora, es una alta gloria sin duda. *(Habla con voz femenina)*. Le vi a la puerta, sir John, y no pude dejar de mostrarle cierta piedad. *(Habla con su propia voz)*. Oh, señora, me hace usted un gran honor y no crea que hace usted favores a un perro desagradecido. ¡Pardiez! Amo y adoro a vuestra señoría por encima de todas las cosas.

THORNEBACK Vaya, ¡cuánto ama y adora a la señora columna! Verdaderamente merece que la honre, más que a muchas honradas.

SIR JOHN ¿Ya se va, señora? ¡Malhaya, señora! *(Con voz de mujer)*. Debo irme, debo irme, sir John. ¡Buenas noches, buenas noches! *(Con su propia voz)*. Bueno, querido corazón, buenas noches. Ah, señora Lionel, ¿ha venido usted?

THORNEBACK Y ahora la columna es la señora Lionel. Esta columna va a tener tantos nombres como ciertas princesas extranjeras.

Sir John Creía que estaba usted enamorada de Thorneback, señora Lionel.

Thorneback Vaya, el muy pícaro me nombra.

Sir John *(Con voz de mujer).* ¿Enamorada del señor Thorneback teniéndole a usted delante? No puede usted creer que sea tan necia. Es usted el hombre más apuesto de Inglaterra y él el más feo. Le juro que me revuelve el estómago.

Thorneback ¿No me diga? *(Se acerca a sir John).*

Sir John ¡Thorneback!

(Aparte). Me cogió haciendo el tonto.

Thorneback Es usted un vanidoso, Shittlecock, y su columna una mujerzuela mentirosa. Me apetece ponerle la cabeza a la altura de los talones, a ver si se le revuelve el estómago de verdad.

Sir John *(Aparte).* ¿Qué haré para salvar la cara?

¿Cree usted que me ha cogido portándome como un necio? Pues se equivoca, maldita sea. Le vi, maldita sea.

Thorneback No, no se portó usted como un necio. Ya la Naturaleza le ha hecho necio y cuando le engendró le dio figura de gallito. Ojalá hubiera sido menos generosa con esos dones tan abundantes que tiene.

Sir John Es usted ingenioso, Tomás. ¿Dónde lo guarda usted? ¿En el lomo, Tomás, eh, Tomás?

Thorneback No, Tom Ninny, mi cabeza es mejor que mi espalda, y ya lo siento. ¿Qué es lo que una gran señora prefiere en un hombre? Una buena espalda. ¿Qué hace a un hombre débil ante un gran hombre? Una buena espalda para aguantar injurias y toda la vergüenza de las picardías de su amo. Si pretendiera subir en sociedad desearía tener una buena espalda y que mi cabeza no fuera dura sino mi frente. Desearía que fuera toda ella de bronce. Pero, veamos, señor, ¿dice usted que le revuelvo el estómago a la señora Lionel? Vamos a ver ahora mismo si es verdad. ¡Señora Lionel! ¡Señora Lionel!

Entra la SEÑORA LOVELY *y se asoma al balcón.*

SEÑORA LOVELY Alguien llama a Lionel desde la calle.

THORNEBACK Ahora ha salido al balcón, señor.

SIR JOHN Es verdad, ahí está.

(*Aparte*). ¿Para qué ser apuesto cuando los feos como este tienen bellas mujeres?

THORNEBACK ¡Señora Lionel!

SEÑORA LOVELY Bueno.

THORNEBACK ¿Está esa fantástica ramera, su señora, en la cama?

SEÑORA LOVELY (*Aparte*). Salgo para que me hagan el retrato, parece. Voy a pagarle al pintor.

Se acaba de acostar.

THORNEBACK Eso está bien. ¿Y está empezando a echar un sueño, la única tarea doméstica en la que es buena?

SEÑORA LOVELY Está a punto de hacerlo.

THORNEBACK A ver si echa un sueño como un leño, que ate su maldito cuerpo a la buena conducta, mientras me aprovecho de la otra belleza. ¿Qué, no se acerca usted a mí?

SEÑORA LOVELY Vaya a la otra puerta. Me acercaré por ahí o le mandaré recado.

THORNEBACK ¡Dulce pícara! ¿Qué, Shittlecock, revuelvo estómagos? *(Sale)*.

SIR JOHN ¿Habráse visto la suerte que tiene este tipo tan feo? Me voy a endemoniar de envidia. Vamos a ver lo que hacen. *(Sale)*.

Sale una CRIADA *al balcón.*

SEÑORA LOVELY Jane.

JANE Señora.

SEÑORA LOVELY Hay un par de petimetres que buscan a Lionel para engañarla. Están en la puerta de atrás. Son galanes y les encanta acicalarse. Échales un jarro de agua limpia. Creerán que es algo peor. Y así los engañaré. *(Sale)*.

Echan un cubo de agua sobre el escenario y THORNEBACK *y* SIR JOHN *vuelven empapados.*

SIR JOHN ¡Maldita sea! ¡Menuda mojadura! ¡Maldita sea!

THORNEBACK ¡Desvergonzada pécora! ¿Por qué hace esto?

SIR JOHN ¿Que no revuelve usted estómagos, Thorneback? Tiene usted tanta suerte con las mujeres. Malhaya su suerte y a mí por seguirle. ¡Maldita sea!

THORNEBACK Voy a romperles todas las ventanas, en cuanto consiga unas piedras sea como sea. Voy a apedrearles la reputación también. *(Thorneback entra y rompe unos cristales. Luego entra, apartándose de la* SEÑORA LOVELY *y de* POLIDOR*).*

LOVELY ¿Qué sinvergüenza está rompiéndome los cristales?

THORNEBACK ¿Qué mala ramera echa agua desde la ventana?

LOVELY ¿Cómo, señor? Le ruego que disculpe. Arreglaré esto de otra manera y le indemnizaré. ¡A ver, ahí, una luz!

THORNEBACK No hace falta ninguna luz. No estamos orgullosos de nuestra conducta.

SIR JOHN ¡No queremos ninguna luz, maldita sea!

Entran la SEÑORA LOVELY, CECILIA, CAMILA, LIONEL *y varios* CRIADOS *con luces.*

LOVELY ¿Quién está ahí? ¿Tom Thorneback?

THORNEBACK Sí, yo era Tom Thorneback, pero no sé lo que soy ahora. Un arenque en salmuera, me parece. ¡No me gustaría encontrarme con un marinero holandés hambriento!

POLIDOR ¿Quién es este caballero?

SIR JOHN ¡No importa, maldita sea!

POLIDOR Ah, es sir John Shittlecock.

CECILIA *(Aparte).* ¡Sir John!

LIONEL *(Aparte).* ¿Y mi galanteador?

CECILIA Nuestros amantes, Lionel.

LIONEL ¡Chitón!

LOVELY ¿Quién les jugó esta mala pasada a estos caballeros?

THORNEBACK La desvergonzada de su criada que está ahí, Lionel.

LIONEL ¿Quién, yo? Esta señora es testigo de que no fui yo.

CAMILA No, la señora Lionel estaba conmigo cuando echaron el agua por la ventana. Oímos cómo la tiraban.

THORNEBACK *(Aparte).* Ah, Me alegra oír eso. ¡Me encanta esta idiota! ¿Quién me estaba hablando desde el balcón? No era el demonio, desde luego porque este prefiere el fuego al agua.

Alguien en su casa sufre una vil enfermedad, y no puede retener sus aguas. Por favor, envíenselas al médico, no se las arrojen a los señores.

LOVELY Señores, voy a enterarme de este asunto y, si encuentro al culpable, quedarán ustedes satisfechos.

SEÑORA LOVELY Yo soy la culpable. Estaba en el balcón y oí a unos hombres llamando a mis criadas para que salieran a acompañarlos. No quiero que deshonren a mis criadas ni mi casa. Para proteger a esta joven fruta intenté echar a los gusanos con agua. Siento mucho, señores, que este nombre les corresponda a ustedes.

LOVELY No, señores, si son ustedes amantes deben estar dispuestos a nadar el Helesponto.

THORNEBACK ¿En aguas de rameras? Prefiero que el diablo se lleve antes a mi amante.

SEÑORA LOVELY Era agua limpia, se lo aseguro, señores. Y espero que haya apagado su indecoroso fuego

LOVELY Siento el percance, señores. Les deseo buenas noches.

Salen LOVELY, *la* SEÑORA LOVELY, POLIDOR *y* CAMILA.

LIONEL ¡Caballero, caballero!

CECILIA ¡Sir John, sir John!

SIR JOHN ¿Quién? ¿La señora Sistly?

THORNEBACK ¿Señora Lionel?

LIONEL Nos traicionasteis a todas con mi señora. Habló con ustedes desde el balcón.

THORNEBACK Su señora tiene envidia de su relación conmigo. Y está rabiada porque no la cortejo a ella. Podía haberme mandado un mejor billete amoroso. Lo acepto. Me iré a casa a dulcificarme y luego le haré a usted otra visita, para fastidiarla. *(Sale)*.

LIONEL De acuerdo, querido caballero. *(Sale)*.

CECILIA Pobre diablo. ¿Cortejando a criadas? ¿Besando a criadas?

SIR JOHN ¿Se lo dijo entonces la señora Lionel? ¡Impúdica, charlatana ramera!

CECILIA No se está vanagloriando, no se siente tan orgullosa de usted. Se ríe de usted y le abandona en favor del señor Thorneback ¿Cómo voy yo a aceptar el amor que despecha una criada? En absoluto. Cuando cortejó usted a mi hermana, lloré amargamente, como boba que soy. Porque ella es una dama y un caballero puede enamorarse de una dama. Pero ahora le desprecio. Con ello no hago sino lo que hacen todos. Lionel dice que es usted un necio y mi hermana, que es usted necio y además feo.

SIR JOHN ¿Eso es lo que dice? ¡Maldita sea, ojalá fuera un hombre!

CECILIA Y yo por mi parte empiezo a ser de esa misma opinión. Ya no me gusta usted. *(Sale)*.

SIR JOHN ¡Diantre! ¡Me voy a matar! Pero antes se vea ella colgada. ¿Que soy feo? Mienten a sabiendas. No piensan eso. Puedo perdonar cualquier cosa salvo eso. No hay nada que más aprecie que la apostura. No envidio ni al ingenioso ni al soldado ni a cualquier príncipe, si no son apuestos. Y, pardiez, seré apuesto aunque me cueste quinientas libras. Sé de jóvenes mozos que se dan baños extraños y se pintan y se embadurnan la cara por las noches para estar tan limpios de cutis como bebés de cera. A ver si consigo algo de esa pasta esta noche y mañana uno de esos baños que se dan y haré que la señora Sistly se muera por mí. Y luego me casaré con una moza de cocina. *(Sale).*

ESCENA, ALCOBA

Entran la SEÑORA LOVELY *y* CAMILA.

SEÑORA LOVELY Ah, señora. Lo siento de verdad. A partir de este momento voy a cambiar el curso de mi vida. Deshacerme de toda vanidad y de la vana sociedad y acercarme a algún buen religioso.

CAMILA Tenga cuidado de que no sea un religioso joven porque algunos son hombres muy peligrosos.

SEÑORA LOVELY No, buscaré a un religioso anciano y grave.

CAMILA No tendrá interés en relacionarse con usted a menos de que tenga usted contactos en la Corte. Relaciónese usted con la religión misma.

SEÑORA LOVELY Eso es lo que haré, señora. Dios mío, aquí llega mi marido. Tengo tanto miedo de él como lo tiene el criminal del juez. Cuando está conmigo, pienso que estoy en un tribunal y que soy yo la acusada. Y me veo forzada a adularle sin vergüenza. Nunca fue una mujer tan humillada como lo soy yo.

CAMILA Señora, señora, es que ha sido usted demasiado humilde.

Entran LOVELY *y* POLIDOR.

SEÑORA LOVELY Querido, querido, dame mil besos.

LOVELY ¿Miles de besos? Eso es como si un mendigo pidiera miles de libras. ¿Tan desprestigiado está el arte de besar que los besos son tan baratos? Una cortesana griega una vez le dio a un joven dos talentos por un beso. Ahora parece que los besos modernos igualan a los antiguos.

CAMILA *(Aparte a POLIDOR)*. ¡Apártate, miserable!

POLIDOR *(Aparte a CAMILA)*. Soy más inocente de lo que usted piensa.

CAMILA Señor, sé lo que es usted.

LOVELY Mira, mira, Camila no puede aguantar a Polidor. Tan apuesto y no tiene suerte con las mujeres.

SEÑORA LOVELY ¿Quién puede ser interesante, querido, cuando está usted presente?

LOVELY ¡Vaya, qué elogios!

SEÑORA LOVELY ¿Quién puede adularle, decir excelencias de las excelencias que usted tiene?

LOVELY ¿Excelencias? Pardiez, parece que saca usted los halagos de una baraja. Los fabricantes de barajas los incluyen en sus cartas. ¿Me toma usted por la sota de diamantes?

SEÑORA LOVELY No puedo decirle todas las cosas buenas que pienso de usted. Señora Camila, mire usted al señor Lovely. Dígame, se lo ruego, ¿no tiene una boca preciosa?

CAMILA Señora, nunca me fijo en la boca de los caballeros. Por mí pueden estar mirando al norte, al sur, al este o al oeste.

LOVELY se acerca a POLIDOR y habla con él aparte.

LOVELY Es ingeniosa. Escucha, Polidor, tiene usted muy mala suerte. No puede usted conseguir a mi mujer, pero le prometo que tengo a la bella Camila para usted. No se siente a gusto con sus atenciones, pero es que está enfadada conmigo por no dirigirme a ella. No aceptaría decir que tengo una boca bien torneada porque no la uso para elogiarla. De todos modos, esa es una manera equivocada de cortejar porque hace que las mujeres se quieran a sí mismas y no a nosotros. Nos convierte en sus vencidos. Yo las haría mías mostrándoles mis perfecciones y no las suyas. Mi manera de cortejar es cuidándome de que mi aspecto y mi conducta sean encantadores.

POLIDOR Así que las mata usted en silencio, como la pólvora blanca, que no hace ruido.

LOVELY Puede usted decir lo que quiera del ingenio y de la cortesía, pero lo que manda de verdad en el amor es un cuerpo apuesto. Una vez una dama se enamoró de mí antes de verme la cara.

POLIDOR ¿Le habían hablado bien de usted?

LOVELY ¡Qué hablar! Se enamoró de mi espalda. Me observaba pieza por pieza mientras me paseaba delante de ella. Mis hombros, mis piernas, mis pantorrillas fueron cada uno como un discurso para ella. Algunos galanes de buen aspecto por delante tienen defectos por detrás. Yo estoy bien por los dos lados.

POLIDOR ¿Nunca corteja usted con palabras?

LOVELY Sí, pero lo hago con descuido, dándole un aire masculino, que es lo que impresiona a las mujeres. Si uno corteja apasionadamente, formalmente, pardiez, podría hacerlo igualmente con un lienzo de estameña. Ataco el corazón de las mujeres tratándolas como superior a ellas, de modo que el más pequeño favor de mi parte les parezca un milagro. Voy a encantar curiosamente a su santa Camila para usted, le voy a regalar un perrillo. *(A CAMILA)*. Señora, pensé en usted el otro día. Una hembra de galgo de una señora conocida mía, con buenas patas, tan finas que parecen de araña, con las que podría enhebrarse una aguja, dio a luz una camada de cachorrillos, todos hermosos. Le rogué humildemente que me hiciera el honor de regalarme uno para regalárselo a usted, señora.

CAMILA Oh, señor, a sus pies.

LOVELY A decir verdad, lo conseguí mediante la promesa de una canción. Compondré la canción y mandaré a buscar el perrillo. *(Sale).*

CAMILA ¡Señora, qué bien estoy con su esposo!

SEÑORA LOVELY *(Aparte).* Me preocupa la tontería de mi marido. Fingiré amor con él y no me abandonará.

CAMILA Bueno, señora, aceptaré el regalo de su marido. Voy a casa un instante y vuelvo enseguida.

SEÑORA LOVELY Señora, su humilde servidora.

CAMILA Ahora voy a vigilar a estos dos.

Se esconde entre escena y escena.

POLIDOR ¡Dios mío, Dios mío!

CAMILA *(Aparte).* Otra vez este con sus maldades.

POLIDOR He ayunado tanto tiempo de esos suculentos labios que tengo hambre de devorarlos. ¡Venga conmigo! La seguiré como si fuera un tigre.

SEÑORA LOVELY No, ya está bien de estas vilezas.

POLIDOR ¡Hecho! Acaba usted de empezar. Acaba usted de entrar en esta escuela de danza y no ha bailado usted ni la mitad de los bailes.

SEÑORA LOVELY ¡Fuera, fuera de aquí! Ha hecho usted que me odie a mí misma y a usted. No puedo mostrar la cara.

POLIDOR La cubriré con la mía.

SEÑORA LOVELY No lo hará usted, señor.

POLIDOR No me importa lo que diga. No tengo oídos para usted. Solo tengo ojos y labios y brazos para usted.

SEÑORA LOVELY Veo que es su conciencia la que no tiene oídos.

POLIDOR ¡Bah, la conciencia! No me hable usted de conciencia. Si esto está mal, que el cielo ayude a lo bueno. Todos sufren las tentaciones, y apuesto a que todos caen en ellas. ¿Cree usted que las únicas mujeres que van al cielo son las que tienen cara de demonio?

SEÑORA LOVELY Prefiero tener cara y no corazón de demonio, como usted.

POLIDOR Creo que su santa Camila ha estado maleándola.

SEÑORA LOVELY Ha estado curándome, pero no puede convertirme en una mujer tan buena como ella.

POLIDOR No es una mujer. Es un monumento eclesiástico, una pintura de la virginidad en mármol.

SEÑORA LOVELY Es un querubín de carne y hueso.

POLIDOR No es de carne. Ha guardado tantas Cuaresmas que se ha convertido en pescado.

CAMILA *(Aparte)*. ¡Vaya por Dios!

POLIDOR ¡Una verdadera sirena! Y como todas las sirenas, lleva la tempestad allá donde va. En resumen, no se resista, no se irá usted. No puede irse. No tiene usted corazón para hacerlo. Apuesto a ello. Pardiez, no, no, ahora que lo pienso no haría esa apuesta. No sé qué es lo que el demonio puede haberle metido en la cabeza. ¡Vamos!

SEÑORA LOVELY Suélteme o le juro que voy a pedir ayuda.

POLIDOR No lo hará usted. Es más, no puede usted hacerlo.

Señora Lovely ¿Tan rendida a usted cree que estoy? ¿Hay alguien ahí, hay alguien ahí?

Polidor *(Imitándola).* ¿Hay alguien ahí, hay alguien ahí? Chilla usted tan parecido a un ratón que la van a cazar los gatos. Déjelos estar.

Señora Lovely *(Aparte).* ¿Qué es lo que me pasa que no puedo luchar contra él?

Mientras él está tirando de ella, entra Camila.

Camila Bien, señora. Estoy de vuelta.

Polidor *(Aparte).* ¡Me fastidió!

A sus pies, señora.

Camila ¿Por qué se dirige usted a mí? ¿No soy un pescado?

Polidor Señora, si fuera usted un pescado, yo sería feliz siendo pescadero.

Camila *(Aparte).* Sus mentiras me hieren profundamente..., pero me niego a dejárselo ver. Haré como que es una broma.

A sus pies, señor. ¿Cómo está su hermano, señor?

Polidor ¿Mi hermano, señora?

Camila Sí, el caballero que me hizo el honor de dirigirse a mí. Sus caras se parecen tanto que podrían ser ustedes mellizos. Pero en todo lo demás son ustedes tan diferentes. ¡Lo siento, no lo mejora usted en nada!

Polidor Perdón, señora. Somos muchos en mi familia, pero todos son como yo, pobres mortales pecadores, hijos de Adán, a quien nunca honró su descendencia. Si hay algún hombre perfecto entre nosotros, habría que preguntarle a su madre cómo lo concibió, porque no fue de un hombre. Y, por tanto, no sale a su familia.

CAMILA ¿Piensa usted lo mismo, sin duda, de todas sus hermanas?

POLIDOR No, señora.

(Aparte). ¡Vaya ataque que estoy sufriendo!

SEÑORA LOVELY No, señor, la peor de nosotras, y yo soy una de ellas, no es tan corrupta como los hombres por naturaleza. Si somos malas, los hombres nos han hecho así. Soy víctima de su enaltecimiento de la virtud y del honor. Si le hubiera conocido antes, le habría evitado. Odio a los hombres lascivos.

POLIDOR Lo sé, señora, lo sé.

CAMILA Testificaré a favor de ella. No se deja llevar fácilmente a la maldad. He visto y he oído cómo se resistió a usted. Y tenía usted el mismo propósito conmigo, así que le evitaré como al demonio.

SEÑORA LOVELY Y yo también. Señor, le ruego que no vuelva más por esta casa.

CAMILA Y no se dirija usted a mí nunca más.

SEÑORA LOVELY Y a mí tampoco.

POLIDOR ¡Vaya, vaya! En buen estado está mi amor. Esto es lo que pasa por tener dos amantes al mismo tiempo. Es como navegar con un navío con dos quillas, que nunca encajarán bien una en otra y probablemente se rompan. ¿Y para qué correría un navegante este peligro cuando no hay hombre que tenga suficiente mercancía para uno solo? (Sale).

CAMILA Bien, señora, le pido permiso para retirarme.

SEÑORA LOVELY ¿La espero, señora?

CAMILA En absoluto, señora. Espero verla muy pronto famosa por su piedad y su bondad. Dicen que cuando un miembro se rompe, se hace más fuerte, si se cura bien. Así será con la virtud. *(Sale)*.

SEÑORA LOVELY ¡Ah, ojalá el cielo me evitara esta prueba!

Entra LIONEL.

LIONEL *(Aparte)*. Me parece que oí gemir a mi señora.

SEÑORA LOVELY ¡Márchese!

LIONEL ¿Marcharme? No me va a echar usted con esos desplantes.

SEÑORA LOVELY ¿Cómo que no se marcha, desvergonzada?

LIONEL Y tampoco me va a tratar de desvergonzada.

SEÑORA LOVELY ¿Será posible? ¿Qué es usted entonces?

LIONEL Señora, soy virtuosa. Ojalá lo fuera usted también. Sé lo que hizo usted con el señor Polidor. Sí, señora, y el señor ha de saberlo también.

SEÑORA LOVELY *(Aparte)*. ¡Dios tenga piedad de mí! Esto es lo peor de todo.

¡Vuelva, vuelva, por mi vida, se lo ordeno! ¿Qué es lo que sabe usted?

LIONEL *(Aparte)*. Me va a matar...

Nada, nada, señora. Soy una tonta habladora, una necia chismosa. Su señoría es una mujer modesta y virtuosa. Solo vi a un hombre rudo como un oso que la habría humillado si le hubiera dejado usted. Pero se portó usted tan ejemplarmente como la mejor de las señoras en sus circunstancias. Hasta que ese vil hombre al final la conquistó.

SEÑORA LOVELY ¡Soy una mujer deshonrada, estoy perdida! Dios y el cielo me abandonaron, y ahora he perdido el honor. Váyase y hable de mí tan mal como me merezco.

LIONEL ¿Hablar mal de usted, señora? ¡No lo permita Dios! Aunque ha sido usted muy severa conmigo, siempre la he querido bien. Y ahora siento mucho su situación. ¿Cómo pudo la señora hacer eso?

SEÑORA LOVELY ¡Ah, no pregunte usted, entierre esa sucia historia!

LIONEL De verdad me pregunto cómo pudo convencerla porque es usted de naturaleza virtuosa, señora, pero cualquiera puede ser vencido una vez. Bien, señora, le seré fiel.

SEÑORA LOVELY Entonces seré más amable con usted. Proteja mi honor y, si lo consigue, puede llevarse todas mis otras joyas.

LIONEL Sus lágrimas son sus joyas y concuerdan con su naturaleza. Hay un viejo y rico galán que me está rondando y creo que no con buenas intenciones. Pero va a darse cuenta de que soy una joven virtuosa. Piense lo que piense, solo le seguiré el gusto para ver si consigo engañarle con el matrimonio. ¿No me echaría usted una mano, señora?

SEÑORA LOVELY ¡Una mano! ¡Toda mi bolsa! Le daré una buena fortuna.

LIONEL Gracias, mi buena señora.

CRIADA Señora Lionel, está aquí un caballero que quiere hablar con usted. (Sale).

LIONEL (Aparte). Ah, creo que es mi viejo galán rancio. (Sale).

SEÑORA LOVELY ¿Así que me he convertido en la criada de mi criada? ¡Adiós intrigas, bienvenida sea la virtud feliz! No hay verdadera paz ni placer más que en ti. Romperé con

Polidor, pero a ser posible tan suavemente que la ruptura no haga ruido.

Entra Lionel.

Lionel ¡Oh, señora! Mi enamorado, el caballero Thorneback ha venido a verme. Y mi alcoba está llena de gente. No sé dónde recibirle. ¡Le ruego que lo esconda en su recámara!

Señora Lovely *(Aparte)*. ¡Menudo papel honorable el mío!

Lionel ¡Señor, señor, venga aquí, señor!

Entra Thorneback.

Aquí, señora. Enciérrelo un rato. Yo haría lo mismo por usted.

(A Polidor). Quédese aquí, señor. Ahora mismo vuelvo con usted. *(Sale)*.

Señora Lovely Tengo que obedecer. Entre, señor Thorneback.

Thorneback ¿Cómo, señora, encerrarme en su recámara? El amor y el crimen siempre se descubren.

Señora Lovely ¿Cómo, va a portarse usted como un amante y un galán de nuevo? ¿Por qué escoge usted precisamente el papel para el que no está hecho?

Thorneback Ahora vuelve a sus trapacerías otra vez.

Señora Lovely ¡Está usted hecho para ser soldado, vaya usted a la guerra! Ahí puede usted conseguir honor y si pierde usted la nariz o la mandíbula no dejará de ser igual de apuesto que ahora.

Thorneback *(Aparte)*. ¡Dios, la abofetearía!

Señora Lovely Si perdiera usted la quijada podría reponerla con la de cualquier asno. Y si pierde la nariz, un orfebre le podría hacer una mejor y tan natural en usted como lo es su tez, porque la que lleva ahora no es suya, es pura pintura.

THORNEBACK ¿Pintura?

SEÑORA LOVELY Sí, pintura.

THORNEBACK *(Aparte).* Pues es verdad. Y bien pintado, además. No sé cómo lo sabe.

SEÑORA LOVELY Deje que le pase el pañuelo por la cara, si se atreve.

THORNEBACK *(Aparte).* ¡Demonio! No me atrevo.

Vamos, señora, esta aparente aversión suya es puro artificio y pintura. ¿Me escondería usted en su recámara si no me considerara uno de sus dulces favoritos?

SEÑORA LOVELY ¿Dulces favoritos?

THORNEBACK Sí, señora. No creo que haya usted guardado mermelada de rosas para su criada. La mermelada de hombre es más deliciosa.

SEÑORA LOVELY ¡De hombre! Usted es más bien una gran mandrágora. He leído de una mujer que daba mandrágoras por hombres, pero nunca de ninguna que diera hombres por mandrágoras, que es lo que yo haría si dejara a mi marido por usted.

THORNEBACK ¡Qué ridículas son las mujeres! Todo avanza hacia adelante hacia lo que desea excepto la mujer y el cangrejo, que corren hacia atrás. Señora, conseguirá que renuncie a usted.

SEÑORA LOVELY Le ruego que lo haga. ¡Ah, veo a Polidor!

(Aparte). ¡Escóndase rápido, rápido!

THORNEBACK ¿Así que está usted de acuerdo? *(Le mete en su recámara).*

Entra POLIDOR.

POLIDOR ¡Cómo, señora! ¿Mete a un hombre en su recámara?

SEÑORA LOVELY *(Aparte).* Ahora se volverá loco y para vengarse me deshonrará.

¿Un hombre?

POLIDOR Sí, un hombre. La he visto meterlo ahí.

SEÑORA LOVELY Bueno, no haga ruido. Hay una razón para hacerlo.

POLIDOR ¿Tiene usted que esconderlo? Bien, lo voy a a hacer yo de una vez por todas. Lo voy a hacer eternamente invisible, si es posible. Voy a deshacerlo en trocitos.

SEÑORA LOVELY ¡Apártese!

POLIDOR ¡Echese atrás! Voy a ver lo que está usted destilando, flor o mala hierba, en este alambique, porque sea lo que sea me parece que está sudando. ¡Salga de ahí! *(Saca a Thorneback).* ¿Señor Thorneback? A sus pies, señor. Es usted un hombre afortunado.

THORNEBACK Bueno, sí, más afortunado que muchos de ustedes con sus caras pintadas. A las muchachas puede que les gusten esas caras blancas, como a los gatitos les gusta lamer la crema. Pero los que cazan ratones prefieren...

POLIDOR Las alimañas, como usted.

THORNEBACK Ríase de mí todo lo que quiera. No me importa. Pero no difame a esta señora. Si lo hace, le juro que si puedo le cortaré el gaznate. Y no me asusta la pelea, ¿sabe usted? Señora, a sus pies. Defenderé su honor. *(Sale).*

POLIDOR Con su cara, mejor que con su espada, sin duda. Señora, me echó usted para hacer sitio para un nuevo amigo, me parece.

SEÑORA LOVELY Me ha perjudicado usted. Me ha hecho usted criada de mi criada. Mi reputación está en sus manos y por tanto tengo que estar en las suyas, tengo que hacer de tonta de la tonta y esconderle para ella. No digo esto para preservar su amor de usted, que rechazo, sino para defender mi honor. Así que no lo vaya usted contando por el mundo, porque si lo hace mi venganza hará que todos se sorprendan al oír mi nombre.

POLIDOR ¡Es usted una mujer valiente! Y veraz o falsa, la amo. *(Se echa sobre ella y la abraza).*

SEÑORA LOVELY ¡Oh, es usted un hombre tentador! No estaré segura hasta que no me deshaga de usted.

POLIDOR Nunca la abandonaré mientras viva, porque, aunque mienta su corazón, su belleza no miente. Aunque no sale de su boca una verdad, estoy seguro de que hay verdadera dulzura en sus labios. Y algo me aprovecharé de ese tesoro. Si no puedo ser su amo y señor, me contentaré con un puesto más bajo, recibiendo un beso de cada veinte.

SEÑORA LOVELY Qué bien se lleva usted con el pecado y con la vergüenza, señal de que es usted un malvado empedernido. ¡Arrepiéntase, arrepiéntase! y abandone su maldad.

POLIDOR No sea usted tan mala, cuando todo el país está tan acostumbrado a los cuernos, que cree un cisma en esa costumbre. Pero creo que seguirá usted siendo hermana de la gran y universal Iglesia primitiva, porque ser infiel al marido es muy antiguo.

SEÑORA LOVELY No, no, el pecado es tan antiguo que ya es hora de que muera. Por lo menos así será para mí. No pecaré más. Me separaré de usted. Seremos dos y no uno.

POLIDOR Sí, hasta que estemos otra vez en un lecho mullido, entonces nos fundiremos dulcemente de nuevo en uno solo.

Señora Lovely ¡No! Todavía tengo conciencia, aunque no lo crea usted.

Polidor Sí y ciertos cálidos deseos, piense usted lo que piense. ¿Teme usted por su honor? No tema, lo cuidaré como mi propia vida. Nuestros encuentros privados no serán conocidos de nadie.

Señora Lovely ¡Qué! ¿De mí tampoco?

Polidor Sí, algo sabrá usted de ellos.

Señora Lovely Pues eso bastará para hacerme desgraciada. No, nunca volveremos a estar tan cerca uno del otro excepto muertos. Un mismo sepulcro puede albergarnos. Solo deseo dormir con usted cuando me convierta en polvo.

Polidor Entonces sería yo un mal compañero de cama.

Señora Lovely Hasta entonces estoy determinada a separarme de usted. *(Se separa de él).*

Polidor ¿Y puede usted hacerlo?

Señora Lovely Me dejará usted cuando haya saciado su vil apetito, quizás antes. Si una enfermedad acabase con esta pequeña belleza mía, también desaparecería usted.

Polidor Quizás, pero le ruego que me deje usted poseer su cuerpo hasta que desaparezca la hermosura de esa cara.

Señora Lovely ¡No! Mi fortaleza se ha rendido, pero mi retirada será honrosa, con las armas y con las banderas desplegadas. Así que, querido Polidor, adiós para siempre. Pero no se enfade. No le dejo por otro rival que la virtud, la conciencia, el honor y los respetos divinos que hoy perdí solamente por sorpresa. Y ninguna otra cosa brilla más que usted a mis ojos. *(Sale).*

POLIDOR ¡Es una falsa, embustera, artificiosa coqueta! Excesivamente orgullosa. Algún hombre de mérito me la ganó y Thorneback fue la alcahueta. Ahora quiere taparme los ojos con halagos y con su supuesta conciencia, tapadera común de todos los engañadores. Estoy seguro de que no soy yo quien inició la carrera pecaminosa de esta mujer y de que no acabará conmigo. Para recompensar a mi amigo del perjuicio que le he causado, le libraré de una esposa tan peligrosa.

Entra LOVELY.

LOVELY ¿Desapareció la dama, antes de conseguir su perrillo? ¡Querido Polidor! Voy a ser sincero con usted. Mucho hemos navegado. Ya huelo la costa del sueño, viene cierto aroma de ahí. Creo que estamos ya cerca del amanecer. Vuelva a casa y duerma, si se lo permite la envidia, porque voy a hacer de Epicuro esta noche: mi esposa y yo vamos a excedernos. Voy a poner diez velas sobre la almohada para que nos veamos uno a otro claramente. Mi lujuria va a consistir en mi curiosidad. Mis ojos observarán su cara para detectar si cuando la beso reacciona apasionadamente y si se siente feliz.

POLIDOR Lovely, le voy a demostrar que le tengo más afecto que a mí mismo porque para serle fiel me traicionaré a mí mismo, me portaré como si no fuera un hombre. Porque el hombre que, cuando una hermosa dama le ofrece sus favores, rechaza su amor y miente a propósito de ella no merece ser considerado un hombre. Pero le he jurado lealtad a usted de modo que puedo, sin violencia alguna, dejar de ser leal a su encantadora esposa y confesarle que no se porta como debiera.

LOVELY ¡Soy el hombre más desgraciado de la tierra! La voy a matar y me mataré después.

POLIDOR ¿Cómo que matarla? Primero tendrá que matarme a mí. Para llevar a cabo su encargo he aguantado que me convierta usted en un villano mayor de lo que yo creía poder ser. ¿Debo dejar también que me convierta usted en asesino? Porque si la mata usted por lo que le he dicho, seré culpable de su muerte y cómplice del sacrificio de una diosa como ella por un monstruo como usted. Antes provocaré una hecatombe que permitirle que siga usted adelante.

LOVELY Bien, soportaré estas provocadoras palabras porque sin duda he dado ocasión suficiente para ellas. También yo he puesto de mi parte en su corrupción. Si los castigara a los dos por convertirse en los monstruos que yo mismo he ayudado a generar sería peor que un lobo o un oso. Los perdonaré a los dos para no ofenderme a mí mismo, pero nunca más veré la cara de mi mujer.

POLIDOR *(Aparte).* ¿Qué he hecho? ¡Malditas sean todas estas intrigas lascivas! Cuando nos dejamos llevar por la lujuria no es de extrañar que nos portemos como animales. ¡Qué maldito bárbaro he sido para esta bella, frágil nave! Primero la saqueé, luego la rompí en pedazos contra las rocas, porque no puedo conseguir todo lo que deseo. Pero intentaré deshacer el naufragio e imponérsela a este odioso necio, subirle a la embarcación y dejar que se hunda o que salga a flote por sí mismo.

Lovely, daría mi mano derecha por ponerle los cuernos, gozar de su bella esposa y vengarme así del modo en que traicionó usted mi amistad.

LOVELY Ya que ha conseguido usted su alma de ella, aceptaré que me ponga los cuernos para condenar su alma.

POLIDOR Le tomo la palabra. Váyase y deme la oportunidad de hacer mi jugada amorosa, si se atreve usted.

LOVELY No me iré, pero haré como si me fuera y me esconderé para conocer mi suerte. Si se porta lascivamente, para
usted sea. Se lo agradeceré.

POLIDOR *(Aparte)*. Eso es lo que quiero yo que haga.

Adelante, estamos de acuerdo. Vaya a decirle a su esposa
que sale usted de viaje.

LOVELY Lo haré.

POLIDOR *(Aparte)*. Yo entretanto voy a susurrarle a Lionel.

LOVELY Si la lotería no tiene más premios que unas rameras,
la suerte favorecerá a los perdedores. Y serán malditos los
que ganen el premio.

Salen.

ACTO V

MISMO DECORADO

Entra la SEÑORA LOVELY.

SEÑORA LOVELY ¿Mi esposo sale de viaje tan tarde y sin preparativos? ¿Qué significa esto? Me temo mucho que he sido descubierta. ¡Qué horrorosa esclavitud la mía! ¡A cuántos debo temer y obedecer, o ser avergonzada, cosa que odio más que la misma muerte! A ver si puedo abandonar estas dolorosas consideraciones. ¿Quién anda ahí?

Entra una CRIADA.

Vaya y dígale a mi criada que cante la nueva canción.

LA CANCIÓN

Mira donde yace la arrepentida Celia,
con mejillas sonrojadas y mirada caída
quejándose bajo una triste sombra
de las ruinas de su corazón y de su fama
que ha creado su pecaminoso amor.

¡Oh, deja correr tus lágrimas, bella Celia!
Porque ese maravilloso rocío celestial
te dará más atractivos
de los que pudieran todos mis vestidos y tus artes.

Vosotras, ninfas que os refugiáis en los manantiales
para conseguir belleza, salud, apariencias y aire,
pero perdéis más belleza de la que ganáis.

Limpiáis vuestro cutis, pero ahí a menudo
mancháis profundamente vuestra fama.

¡Ah, ninfas!, que con lágrimas os quejáis de vuestras
    faltas,
si compartierais vuestra duradera belleza
cstos manantiales y fuentes, y ellos solos,
a pesar de la edad y de la muerte, os embellecerían.

Entra LIONEL.

LIONEL ¡Oh, señora, señora, tengo malas noticias para usted! Ha estado usted tratando con un hombre bárbaro. ¿Qué cree usted que ha hecho el señor Polidor? Enojado por haber usted escondido al caballero Thorneback, ha estado chismeando y se lo ha dicho a mi señor.

SEÑORA LOVELY ¿Qué le ha dicho?

LIONEL No, no, no se asuste, porque cuando estaba soltando la lengua como un demonio la retuvo y solo le dijo a mi señor que la había cortejado y que usted le había escuchado.

SEÑORA LOVELY ¡Oh, villano, vano, desagradecido, deslenguado villano!

LIONEL No, no, cálmese. Todo saldrá bien porque el señor Polidor se arrepiente de su temeridad y pretende que redunde en beneficio suyo.

SEÑORA LOVELY Me vendrá bien. Nunca más volveré a estas intrigas.

LIONEL Ya sabe usted que mi señor se ha inventado que tiene que atender a un negocio fuera esta noche. No es más que una mentira arreglada entre ellos. No se marchará, sino que se esconderá para ver cómo trata usted a Polidor. Y el señor Polidor quiere que le trate usted con malos modos, señora, para que todo vuelva estar bien y así engañar a su marido.

Señora Lovely No, creo que podremos engañar a mi marido, pero ¿quién podrá dominar las habladurías del lenguaraz Polidor?

Lionel No, todos los hombres son seres mentirosos, deslenguados, jactanciosos.

Señora Lovely Su mayor lujo es la vanagloria. Les complace más disfrutar de una belleza jactándose mentirosamente de ello que hacerlo en sus brazos. Mi historia correrá pronto como la pólvora y sacudirá a la ciudad riéndose de mi vergüenza. Me iré a algún distante lugar salvaje y desconocido, donde no aparezca ningún hombre ni ninguna luz. A ornatos y afeites me dediqué antes. Ahora lágrimas de penitencia serán mis afeites, donde bañaré el alma y la blanquearé, si es que todavía me queda una. Porque casi no puedo creer que los cielos confíen un alma a una mujer. La naturaleza no es amiga de nuestro frágil sexo. Nos hace regalos para arruinarnos, atractivos para seducir, pero no fuerza para resistirnos. En la pasión somos fuertes, en la razón débiles, constantes solo en el error y la falta, en la virtud fingidas, en la vanidad sinceras, ingeniosas en el pecado y listas para condenarnos.

Salen la Señora Lovely *y* Lionel.
Entran Lovely *y* Polidor.

Lovely No creo que esta mujer me sea desleal. No me gusta ser vanidoso, pero me veo forzado a ello. ¿Qué puede pedir a un hombre que no tenga yo? Soy joven.

Polidor Demasiado, le hace más crédulo de la cuenta.

Lovely Soy fuerte.

Polidor De cuerpo, no de cabeza.

Lovely Soy ingenioso.

POLIDOR Y necio también, es algo necesario.

LOVELY Y así debe ser para complacer a una mujer. Y soy lo bastante necio para haberme casado. Soy apuesto.

POLIDOR Es usted el Adonis de nuestro siglo.

LOVELY Y el Orfeo también. Puedo cantar.

POLIDOR Sí y sin discordar, algo que muchos no pueden hacer aunque vivan de cantar.

LOVELY Y puedo cantar mis propias canciones, porque escribo canciones.

POLIDOR Y con sentido común, cosa que les falta a muchos poetas. Los hay que escriben sin rima alguna, rima seca, tan seca que, si no tuvieran otro sustento, su Helicón nunca les daría para beber.

LOVELY Y soy de noble cuna y con abundante fortuna.

POLIDOR No en su frente, espero. Mire, aquí está Lionel. ¡Retírese, retírese!

Sale LOVELY.
Entra LIONEL.

¿Qué novedades hay? Hable bajo que la puede oír su señor.

LIONEL Mi señora sufrió un enfado mayúsculo cuando le dije cómo la había servido.

POLIDOR Me lo podía imaginar sin que me lo dijera usted.

LIONEL Tuve que dejar que se desfogara antes de que volviera a ser razonable. Está ya calmada y vendrá ahora. *(Sale).*

Entra LOVELY.

LOVELY ¿Qué dice Lionel?

POLIDOR Que vendrá su esposa.

LOVELY Entonces es una descocada y usted un traidor.

POLIDOR ¿Cómo dice, Lovely?

LOVELY Un traidor, digo.

POLIDOR No le va bien ese tono.

LOVELY ¿Se ríe usted de mí, señor? ¿En qué puede convertirse un cornudo?

POLIDOR Creí que tenía usted mejor carácter.

LOVELY ¡Ah, señor! creía usted que me dejaba cabalgar pacientemente, que le permitía cabalgar a mi mitad, a mi esposa. Le ruego entonces que cabalgue usted la otra mitad, a mí. ¿Quién anda ahí? Denle a Polidor botas y espuelas. No necesita brida. Ya tengo yo una en la boca. ¡Estoy casado con una sinvergüenza! ¡Que deba casarse un caballero honrado! ¡El matrimonio es peor que la cárcel para nuestro sexo! En la cárcel azotan a las rameras, pero en el matrimonio son puñales para los hombres honrados. No deberían casarse más que los malhechores. En vez de hacerlos trabajar en los campos los condenaría a quedarse en casa y casarse, arar a sus propias mujeres y plantar en ellas su semilla, la de la humanidad. Sea mi mujer falsa o verdadera, es usted un villano por prestarse a una tarea tan baja.

POLIDOR Muy bien. ¿No me lo pidió usted, señor?

LOVELY Sí, confieso que le rogué que actuara estúpidamente. Así que ahora debería protegerle. Pero si hubiera actuado usted así para cualquier otro que se lo pidiera, le hubiera recriminado, Polidor, severamente.

POLIDOR ¡Corríjame! Le desprecio, me río de usted. Si he disfrutado de su esposa, es usted quien se ha portado como un necio.

LOVELY ¡Disfrutado!

POLIDOR Disfrutado.

LOVELY No lo diga usted, no lo piense siquiera, señor.

POLIDOR Libéreme usted de los lazos de la amistad que nos une, y lo diré y lo haré.

LOVELY ¿Cómo que lo hará?

POLIDOR Sí, que lo haré. Es decir, si su hermosa esposa está de acuerdo.

LOVELY Bien, si lo hace, es lo que me merezco. Lo acepto y no por temor, sabe usted.

POLIDOR Y yo temo más hacerlo que sufrirlo. Bien lo sabe usted, señor.

LOVELY Sé que es usted lo suficientemente valiente. Y por eso le creo honrado. Pero ella es una ramera.

POLIDOR Pido a los cielos que lo sea.

LOVELY ¡Haber estado furtivamente a su lado de noche tan cerca de su alcoba! Es una clara invitación a su lecho.

POLIDOR Es el camino hacia él, en efecto. Y pardiez que me apresuraré. Pero me temo que me pare a medio camino, y que no sea más que una alegre liberalidad de su parte sin falta alguna, como a veces les gusta mostrar a las mujeres. Y son capaces de medirlo al milímetro.

LOVELY Malditas sean sus medidoras manos. Me enfada encontrarme con una ramera y una mujer con tales artes. Ella, dispuesta a acercarse tanto al borde del pecado que si la empujan con fuerza seguro que cae en él. Venga conmigo, vamos a ver en qué para todo esto...

Lovely se esconde.
Entra por otra puerta la Señora Lovely.

Señora Lovely Bien, señor Polidor. Veo que sus galanteos conmigo iban en serio.

Polidor Así es, señora, créalo. La mayoría de los hombres se ponen serios cuando están ante su juez, cuando sus vidas están en juego. Mi vida depende de su sentencia.

Señora Lovely ¿Es posible? ¿Así que está usted dispuesto a robarle a su entrañable amigo la esposa que tanto ama? No pensé que ningún hombre pudiera ser tan desleal y creí que se prestaba a ello de broma. Ahora que veo que efectivamente persigue usted este horroroso propósito, me parece usted un monstruo. No tiene usted honor, ni conciencia, ni ojos siquiera: ¿no ve usted que mi marido es un caballero joven, uno de los hombres más apuestos del mundo? Dígame, por favor, ¿por qué debería cambiarle por hombre alguno?

(Lovely asoma la cabeza y escucha. Aparte). ¡Qué maravilla, qué maravilla!

Señora Lovely Váyase, váyase. Me río de usted, pero si se le ocurre molestarme otra vez, le juro que me vengaré duramente.

Sale, muy enojada, y Polidor *se encoge*
de hombros, tomándose sus palabras con el doble
sentido en el que son dichas.

Lovely ¡Querido Polidor! ¡Honrado Polidor! ¡Mi agraviado Polidor! ¡Perdóneme, perdóneme!

Polidor ¿A qué Polidor se dirige usted? No será a mí. Soy un traidor. He deshonrado su lecho.

LOVELY Es usted un ángel y no ha hecho más que derramar alegría sobre mi lecho, llenarlo de alegría. Estoy encantado. No espero de usted que me perdone inmediatamente. Eso sería demasiado fácil y me haría portarme como un necio de nuevo. No, pégueme, apaléeme...

POLIDOR ¿Apalearle y además ponerle los cuernos? No, cso sería demasiado.

LOVELY ¿Ponerme los cuernos? Ja, ja, honrado, bendito Polidor, cuánto ha sufrido usted por su honradez. Casi deseo que me los hubiera puesto durante media hora, para compensarle un poco.

POLIDOR Puedo tolerarle esto, pero renunciaré a frecuentar su casa y a su mujer para siempre.

LOVELY ¡Pobre hombre! ¿Está usted enfadado por haber conseguido tan poco?

POLIDOR ¡Malditos sean ustedes los apuestos! No hay manera de quitarles una mujer. Nunca más intentaré ponerle los cuernos a un pícaro apuesto.

LOVELY Dios mío, es usted el más gentil de los hombres en el mundo, y yo el más feliz. ¡Qué esposa tengo! Y cómo le trató a usted por lo que creyó ser la deshonrosa traición que me hacía usted. Ya le había dicho de su carácter. Si la valiente pretensión de ser admirada y honrada es una falta, Dios, déjeme que le diga, es una noble falta. Bien, ahora estoy convencido de que soy dueño de su alma. Y el alma lo es todo, es la belleza de la belleza. Aunque tiene unos labios encantadores, si cuando la beso sintiera solo que se guía por su conciencia y por fría obediencia al deber, sería como besar un misal. Ahora me satisfará con cada uno de sus besos porque voy a saborear la quintaesencia de la felicidad. Bien, Polidor, le quedo muy agradecido.

POLIDOR Sí, más de lo que usted me puede corresponder. Por servirle me temo que he perdido a la bella Camila. Mi cortejo de su esposa ha llegado a sus oídos.

LOVELY La puede usted conseguir en matrimonio, se lo aseguro. Pero ¿se casaría usted con ella?

POLIDOR ¡De todo corazón! Estoy cansado de estas lascivas intrigas. Son más molestas de lo que valen. Me inclino a establecerme, pero no sé dónde, excepto con ella. Es una joven bella y recatada. Y si me casara con ella, me casaría con una sola mujer, la única criatura perfecta de su sexo. Si me casara con la primera belleza vanidosa que me encontrara, me estaría casando con la mitad de las chismosas de la ciudad. Las tendría lo mismo que ella me tiene a mí y serían dueñas de mi casa lo mismo que ella.

LOVELY Digamos que trae una dote de veinte mil libras.

POLIDOR ¿Y qué? ¿A quién se la va a traer? No creo que sea a mí, sino a su modista y a su mercera, a los comerciantes de las Indias, a las mesas de naipes. Y a cambio de esta fortuna que no compartiré deberé asentarme con ella para siempre. Pero estoy seguro de que no conseguiré que ella se asiente, porque será de cualquier necio más que mía. Pero si fuera Camila mi esposa, me ofrecerá todo su dinero y, mejor aún, su encantadora y dulce persona.

LOVELY Sin embargo, pienso que preferiría usted aprovecharse de ella.

POLIDOR A veces he pensado ir en esa dirección, en efecto, pero descubrí un ángel en su cara que me hizo recular como el asustado asno de Balaam.

LOVELY Bien, para pagarle el favor que me ha hecho usted, antes de que se vaya a dormir intentaré hacerla suya. Y ojalá resulte ser una esposa como la mía.

Salen LOVELY *y* POLIDOR.
Entran la SEÑORA LOVELY *y* LIONEL.

SEÑORA LOVELY ¿Me habré escapado de verdad? Lionel, le estoy muy agradecida por su ayuda en este vil negocio.

LIONEL Señora, me obligaba mi conciencia a ayudarla con esta trampa, en la que la metí yo misma. Fui yo quien hice que escondiera usted al señor Thorneback. Está usted libre de cualquier pecado con él, estoy segura. ¡Ojalá lo estuviera usted igualmente de la otra falta!

SEÑORA LOVELY ¡Ojalá, Lionel!

LIONEL De verdad, señora, así me pregunto cómo pudo usted hacer eso. Le aseguro que yo no podría haberlo hecho ni por mil libras y otras mil libras más.

SEÑORA LOVELY Se lo ruego, no hablemos más de ello.

LIONEL Doy gracias al cielo de ser virtuosa. Quienquiera que me acepte por esposa tendrá una esposa virtuosa. Ya sé que el caballero Thorneback espera engañarme para que deje de defender mi virtud, y le animaré, a ver si consigo que se case conmigo. Pero si este adulador perrillo solo se acerca al matrimonio sin meterse enteramente en él, lo apartaré de mi camino. La última vez que estuvo aquí no tuvimos ocasión de hablar, y me dijo que volvería esta noche otra vez. Si vuelve, veré lo que pretende.

SEÑORA LOVELY Muy bien, Lionel. Es una pena que no disponga usted de una buena fortuna. Es usted muy bella.

LIONEL ¡Oh, señora! Le gusta a usted decir eso.

SEÑORA LOVELY Ojalá fuera yo tan bella como usted.

LIONEL ¡Querida señora!

(Aparte). ¡Pobre corazón! Qué bajo ha caído para tener que elogiarme a mí. Me avergüenzo de obligarla a ello.

SEÑORA LOVELY Venga, Lionel, le voy a arreglar algunos detalles para que esté usted más bella cuando venga. A ver, póngase esta sortija mía. Irá muy bien en su bella mano. *(Le da la sortija).*

LIONEL ¡Mi buena señora!

(Aparte). Pobre corazón, qué humilde y amable se ha vuelto. Es sorprendente lo que ha cambiado. A veces una pequeña maldad tiene sus beneficios.

¡Cómo hemos engañado a mi señor! Cómo la elogiaba a usted oyéndola defender su honor, cuando Dios sabe que le basta a usted con defender el propio y el suyo poco importa. Los hombres se gritan unos a otros, pero en nuestras manos no son nada. ¡En qué pajarillos, en qué gallitos los convertimos y qué cornudos los hacemos! Cuando veo a un hombre me río en su cara.

Entra THORNEBACK *mirando a hurtadillas.*

THORNEBACK Ah, ¿está con su señora? Este es el truco de la señora para conseguir una visita para sí misma, porque estoy seguro de que se dicen todo. La señora sabe que iba a visitar a su compañera. ¿Por qué no me lo dice claramente y me da alguna esperanza? Las señoras lo mismo que los rizos del cabello se enroscan y se enroscan antes de descansar en su regazo. Me dejaré ver. ¡Querida señora!

SEÑORA LOVELY ¿Usted aquí otra vez? Váyase, odioso necio. Prefiero morirme antes que verle la cara.

THORNEBACK Maldita sea, tampoco yo le tengo a usted tanta simpatía. Cree usted que todo el mundo está enamorado de usted. Pero la verdad es que yo nunca la aprecié. He venido en busca de una mujer más bella que usted, señora Lionel, a la que pronto daré un mejor estado porque me voy a casar con ella. Y sepa usted que, a decir verdad, mi linaje es superior al de su marido. Él no es más que un caballero ordinario y yo soy el único heredero de una gran familia de la nobleza.

(A LIONEL). Venga, bella pícarona, me casaré con usted esta noche.

Sale la SEÑORA LOVELY.

LIONEL A sus pies, caballero. ¿Es verdad que voy a ser yo esposa de un caballero de alcurnia?

THORNEBACK Sí, y se pondrá usted en el lugar de su orgullosa señora. Venga, querida, ¿dónde encontrar a un muñidor matrimonial, a un sagrado ajuntador que nos una?

LIONEL Aquí en la casa hay un joven y gentil párroco, pariente de mi señor. Le complacerá hacer esta pequeña tarea de jornalero para una joven mujer.

THORNEBACK Vamos, mi bella pícara.

LIONEL Vamos, caballero.

Salen THORNEBACK *y* LIONEL.
Entran SIR JOHN SHITTLECOCK *y* POLIDOR.

SIR JOHN Querido señor Polidor, debo hablar con usted. Es acerca de una joven de esta casa, la señora Sistly. Estoy locamente enamorado de ella. Debe usted de saber que fui dueño de su corazón y que lo he perdido. Maldita sea, daría cien libras por recobrarlo. No puedo dormir sin él. Maldita sea. Tiene usted cierta influencia en ella. Si pudiera usted ayudarme.

POLIDOR ¿Qué hará usted cuando lo consiga? ¿Se casará usted con ella?

SIR JOHN ¿Casarme? Maldita sea, ¿cree usted que no lo haría? Sí, de todo corazón.

POLIDOR *(Aparte).* Este sinvergüenza tiene una apreciable fortuna y ella una bastante pequeña. Voy a emparejarlos.

Bien, le ayudaré.

SIR JOHN Gracias, querido señor Polidor, corresponderé con usted de todo corazón. Le casaré con cualquiera.

POLIDOR Se lo agradezco mucho, señor.

Entra CECILIA.

SIR JOHN ¡Dios mío, aquí viene! No me atrevo a mirarla. Me esconderé de ella. Dios mío, no, me quedaré y, si se enoja, me enojaré yo igual que ella.

POLIDOR Señora, aquí tiene a un humilde criado suyo.

CECILIA No quiero saber nada de él. No lo soporto. Se declara enamorado de toda persona que ve.

SIR JOHN ¡Caramba, señora! Solamente galanteo.

POLIDOR Ponga atención, señora. Tiene una buena fortuna.

CECILIA No me importa ni su fortuna ni él mismo. No aceptaré más que a quienes yo ame y a quienes me amen a mí.

SIR JOHN ¿Y cree usted que yo no la amo, señora? La amo más de lo que soy capaz de expresar, ¡caray!

POLIDOR Le voy a decir cómo debe usted expresarse amorosamente. La fórmula matrimonial es la que mejor expresa el amor. Ama quien puede decir esas palabras de corazón.

SIR JOHN Me casaré con ella esta misma noche con toda mi alma.

CECILIA No le acepto.

POLIDOR Arrodíllese, arrodíllese y suplíquele.

SIR JOHN *(Se arrodilla)*. Lo hago, con toda mi alma. *(Se levanta)*. No, demonio, no me arrodillaré, seré tan terco como ella si no me acepta. Que sea ella quien se decida.

POLIDOR ¿Lo ve usted, señora? Lo va usted a perder. Tenga cuidado.

CECILIA Bueno, le perdonaré, pero podría ser que decidiera no hacerlo.

SIR JOHN ¿Y nos casaremos?

CECILIA Sí, quizás sí, quizás no.

SIR JOHN ¡Qué alegría. Pero, espere, señor Polidor, una palabra. Demonio, ahora que tengo su consentimiento, ya no me interesa.

(*Aparte a* POLIDOR). ¡Ya no quiero casarme, demonio!

POLIDOR ¿Cómo que no después de habérselo prometido?

(*Aparte a* SHITTLECOCK). Sería una vileza.

SIR JOHN Sí, sería vil, sería una vileza. ¡Bueno, pues me casaré con ella, qué demonio!

Le aseguro que no me inclino a ello. Sí, sí me inclino a ello.

(*Aparte a* POLIDOR). Sí, Dios mío, me casaré con ella con toda mi alma.

Vamos, querido corazón, vamos juntos, querida.

Salen SIR JOHN *y* CECILIA.

POLIDOR Qué necio más atolondrado. ¡Cómo le cambian las ideas! ¿La bella Camila?

Entra CAMILA.

CAMILA ¿Cómo se atreve usted a estar aquí? Porque si bien recuerdo se lo habían prohibido, aunque merecía un mayor castigo.

POLIDOR ¿Castigo por recuperar el corazón que una vez le di? Señora, juraré que nunca se lo di a otra.

CAMILA Bueno, si me lo dio fue un pequeño hurto. Para un jurado honrado, especialmente de mujeres, su corazón no valdría diez peniques. Pero por el bárbaro robo que cometió usted con su querido amigo creo que merece la muerte.

POLIDOR Señora, imagine que conquisté a la señora Lovely. Ahí verá usted, señora, el triunfo de su propia belleza. Abandonaré mi dominio sobre ella para ser vasallo de usted con nombre de esposo.

CAMILA Señor, no estamos hechos el uno para el otro. No tengo fortuna, señor, que es lo que le gusta a usted. No tiene usted religión, que es lo que me gusta a mí.

POLIDOR Me gusta vivir decente y cómodamente y tengo suficiente fortuna para que nos aproveche a los dos.

CAMILA Tengo bastante para mí misma sin su ayuda.

POLIDOR Es usted una luz y debería brillar muy alto. Y yo puedo darle la altura que necesita, dos mil quinientas libras por año.

CAMILA Eso no me tienta.

POLIDOR Bueno, aunque se dice usted religiosa, no veo que pertenezca usted a ninguna Iglesia.

CAMILA ¿Cómo que ninguna Iglesia?

POLIDOR No, señora. ¿Tiene usted poco dinero? Pues entonces niega usted todas las Iglesias, señora, renuncia usted incluso a su nación. ¿Puede usted decir que es de sangre inglesa y que no renunciaría a cualquier cosa por dinero?

CAMILA No, se adora demasiado el dinero entre nosotros. No hay mérito sin dinero en este mundo. Pero se puede conseguir el cielo sin dinero.

POLIDOR Señora, sin duda irá usted al cielo. Pero es una pena que tenga que hacerlo a pie.

CAMILA Creo que el camino a pie es el más expedito. Hay tantos guías que se extravían que creo que el camino es demasiado estrecho para un guía. Veo a muchos de nuestros guías espirituales que cuando van en carroza equivocan el camino.

POLIDOR Es verdad, señora. Por eso, le ruego que sea usted mi guía y que su bondad se apiade de mí. Su amor me conducirá a la piedad.

CAMILA No cuando sea su esposa. Los hechiceros y las brujas pierden todo su poder cuando están atados. No toleraré a un hombre así.

POLIDOR Bella y cruel joven, es usted como un arroyo frío para esta ciudad. ¿Cuántas plantas tiernas elimina y mata su severidad? Arruina usted el crecimiento de cientos de jóvenes galanes, que languidecen y no serán nunca hombres perfectos. Poda usted mucho ingenio en flor y tememos que lo haga morir y decaiga en vez de crecer. Y ahora arresta usted el capullo de mi piedad, que tan bien florecería si fuera usted mía. La virtud dispondrá entonces de todas sus fuerzas para ganarme y el pecado no será capaz de tentarme. Cuando sea su dueño, tendré todo lo que deseo, pero me aparta usted hacia nuevas tentaciones. Si peco ahora, a usted se deberá el pecado.

CAMILA Bien, si me entrego, recuérdelo usted, no es por su fortuna, sino para aumentar su virtud con mi amor, porque no seré más rica de lo que soy. No tendré con usted más que a usted mismo.

POLIDOR ¿Puedo contentarla? Me tendrá usted por entero, aunque fuera diez personas y pudiera gozarme con usted diez veces más de lo que ahora lo hago.

Entra la SEÑORA LOVELY.

CAMILA Señora, aquí estoy a sus órdenes. ¿Qué desea usted?

SEÑORA LOVELY Que comparta mi felicidad conmigo, señora. Mi marido está esta noche de excelente humor y ha decidido hacer un baile y una fiesta y quiere que la invite a usted como a una de mis mejores amigas.

CAMILA Me honra llamarme amiga suya si sigue usted en el estado de ánimo en que la dejé la última vez.

SEÑORA LOVELY Sigo y seguiré, espero. Bendito sea el día que nos conocimos. *(La SEÑORA LOVELY da muestras de enfado hacia POLIDOR).*

Entra LOVELY.

LOVELY ¿Cómo, otra vez enfadada con Polidor? ¡Ja, ja, es usted excesivamente virtuosa, querida! Se excede usted. Vamos, vamos, es mejor hombre de lo que usted cree. Perdónele, se lo ruego y seamos todos felices. ¡Mi querido pícaro!

Entran THORNEBACK y LIONEL.

LIONEL Señora, ya estoy casada. Soy la señora de Thorneback.

SEÑORA LOVELY ¡Cuánto me alegro! Desposada, le deseo felicidad.

Saludan todos a LIONEL.

LOVELY Yo también.

POLIDOR Y yo.

Entran CECILIA *y* SIR JOHN.

CECILIA ¡Oh, hermana! Soy lady Shittlecock.

SIR JOHN ¡Y yo soy el rey Shittlecock, el rey Salomón! Y aquí está mi reina de Saba, que abandona su domicilio para ver mi gloria.

SEÑORA LOVELY Hermana, ha despachado usted el asunto rápidamente, y entiendo que sir John es un caballero de buena familia y fortuna. Así que me alegro de su buena suerte, hermana.

Todos felicitan a CECILIA.

LOVELY Y yo igualmente.

CAMILA Le deseo felicidad, señora.

SIR JOHN Ay, ojalá no estuviera casado. La señora Camila es más bella que mi mujer. No, caramba. Sí, caramba. No, caramba, que es más hermosa mi mujer.

LOVELY Bien, damas y caballeros, me van a permitir que los invite y que pasen la noche en mi casa los recién casados.

THORNEBACK Y SIR JOHN *(Al unísono)*. ¡Eso es, eso es! *(Bailan)*.

LOVELY ¡Vayan a decirles a los músicos que comiencen a tocar! Tengo ahora todas las felicidades que deseo en el mundo. La mujer a la que tanto admiro también me admira a mí.

Salen todos.

Epílogo

Recitado por el señor Dogget, que hacía el papel de THORNEBACK.

A ustedes, galanes, les gusta verse retratados,
y algunos, esperamos, lo han sido con acierto.
Viejos petimetres, véanse en mí reflejados,
solamente consiguen mujeres jóvenes por su dinero,
porque a las mujeres no les gusta nada viejo.
Así y todo, tienen ustedes muy buena opinión de sí mismos,
no hay hombre tan viejo que deje atrás su presunción.
Pero ustedes, jóvenes galanes, no se enorgullezcan vanidosamente tampoco.
Los galanes sin dinero pocas veces consiguen mujeres.
Un atolondrado sir John puede efectivamente
ganarse a una mujer necia, pues la Naturaleza los ha igualado
con una misma condición.
Igual pide igual: las mujeres ingeniosas
conseguirán buenos acuerdos y capitulaciones.
Y los petimetres, si son necios, no conseguirán corazón alguno,
aunque sean necios con honor, necios no exentos de cualidades,
como pueden ver en Lovely, aquí retratado,
aunque galanes con gracia, no dejarán de ser cornudos con gracia.
Y las mujeres comunes, todo el mundo lo sabe,
creen que los únicos galanes tentadores son los dineros.
No apostarán, antes de conseguir un premio,
hasta ver las papeletas con más posibilidades.
Hasta ese momento llorarán —me horroriza la idea, señor—,
no soy la mujer que usted piensa.
Pero cuando aparecen esos pícaros de cara brillante y redonda
que llamamos monedas, ah, cómo saltan de contento.
Empiezan entonces a traicionar a sus amigas,
les acarician las mejillas y las llaman apuestos caballeros.
El ingenio es, de cualquier guisa que imagine a los galanes,
cosa imprescindible para conseguir a uno de ellos perfecto.
Cómo hacer hombres tal como Pitágoras los diseñó,
sin que las mujeres tengan mano en ello.
Les aseguro que se debe prohibir a las mujeres toda participación en ello,
porque los hombres resultan muchas veces deformados por las mujeres.

Los galanes salen a veces insípidos
cuando las mujeres han metido mano en la masa.
El ingenio es, sin duda alguna, ingrediente necesario de esta extraña receta
para hacer a un hombre completo.
Señores, si no vieron ustedes suficiente ingenio hoy,
perdonen. Todo es escaso y caro hoy en día,
y nada lo es tanto como el ingenio. Algunas tierras extranjeras se quejan
de tener hambre. Estamos tan bien abastecidos de grano,
en cualquier cantidad, dicen, que lo exportamos.
Dudo que podamos pasarnos de un solo gramo de sentido común.
Pero tales planetas brillan hoy sobre nuestros héroes
que la sabiduría y el ingenio volverán a agraciar a esta isla.

El galán casado, o el curioso impertinente
se preparó para su publicación en el estudio
de Pandiella y Ocio (Oviedo, España)
y se compuso con las tipografías
Minion Pro (Adobe) en la tripa
y Kiperman (Harbor Type)
en la cubierta.